Dr. med. Ernst Schrott

Ayurveda
kurz & bündig

■ Antworten auf die 84 wichtigsten Fragen
zur traditionellen indischen Heilweise

> Bibliografische Information Der Deutschen Bibliothek
> Die Deutsche Bibliothek verzeichnet diese Publikation in der Deutschen Nationalbibliothek;
> detaillierte bibliografische Daten sind im Internet über http:// dnb.ddb.de abrufbar.

© 2003 Karl F. Haug Verlag in MVS Medizinverlage Stuttgart GmbH & Co. KG,
Oswald-Hesse-Straße 50, 70469 Stuttgart

Das Werk ist urheberrechtlich geschützt. Nachdruck, Übersetzung, Entnahme von Abbildungen, Wiedergabe auf photomechanischem oder ähnlichem Wege, Speicherung in DV-Systemen oder auf elektronischen Datenträgern sowie die Bereitstellung der Inhalte im Internet oder anderen Kommunikationsdiensten ist ohne vorherige schriftliche Genehmigung des Verlages auch bei nur auszugsweiser Verwertung strafbar.

Die Ratschläge und Empfehlungen dieses Buches wurden von Autor und Verlag nach bestem Wissen und Gewissen erarbeitet und sorgfältig geprüft. Dennoch kann eine Garantie nicht übernommen werden. Eine Haftung des Autors, des Verlages oder seiner Beauftragten für Personen-, Sach- oder Vermögensschäden ist ausgeschlossen.

Sofern in diesem Buch eingetragene Warenzeichen, Handelsnamen und Gebrauchsnamen verwendet werden, auch wenn diese nicht als solche gekennzeichnet sind, gelten die entsprechenden Schutzbestimmungen.

Programmplanung: Dr. Elvira Weißmann-Orzlowski
Lektorat: Susanne Arnold
Umschlagfoto: Global Picture
Umschlaggestaltung: CYCLUS · Visuelle Kommunikation, Stuttgart
Satz: IPa, Vaihingen/Enz
Druck und Verarbeitung: Westermann Druck Zwickau GmbH

www.haug-gesundheit.de

ISBN 3-8304-2099-4   1 2 3 4 5

Inhalt

Vorwort 7

Fragen zur Herkunft und Philosophie
Wo liegt der Ursprung von Ayurveda? 10
Welche Rolle spielten die Rishis? 11
Wie verlief die Geschichte des Ayurveda aus historischer Sicht? 11
Welche Bedeutung haben die alten ayurvedischen Texte? 12
Muss man Sanskrit können, um Ayurveda und Veda zu verstehen? 15
Was ist der Unterschied von Ayurveda und Maharishi Ayurveda? 15
Wo lokalisiert der Ayurveda die Quelle von Gesundheit? 16
Welche Lebensbereiche und Ziele des Menschen möchte Ayurveda
    verwirklichen? 16
Inwieweit sind die Regeln des Ayurveda auf den Westen übertragbar? 17
Welche Spezialdisziplinen gibt es in der ayurvedischen Medizin? 18
Welche Lebensbereiche schließt ayurvedische Medizin noch mit ein? 18
Verträgt sich die Vedische Medizin mit der Schulmedizin? 19
Welche Krankheiten können erfolgreich behandelt werden? 20
Kann Ayurveda mit anderen Naturheilverfahren oder
    der Schulmedizin kombiniert werden? 21

Fragen zu grundlegenden ayurvedischen Vorstellungen und Prinzipien
Was sind Doshas? 24
Was sind die typischen Anzeichen einer Vata-Störung? 25
Wie gleicht man einfache Vata-Störungen grundsätzlich aus? 27
Was sind die typischen Anzeichen einer Pitta-Störung? 28
Wie gleicht man einfache Pitta-Störungen grundsätzlich aus? 29
Was sind die typischen Anzeichen einer Kapha-Störung? 30
Wie gleicht man einfache Kapha-Störungen grundsätzlich aus? 30
Was hat es mit den ayurvedischen Typen auf sich? 31
Was kennzeichnet den ayurvedischen Typ und
    welche Konsequenzen ergeben sich daraus? 32

Inhalt

Warum hat mir ein Ayurveda-Arzt Vata-Tee verordnet,
   obwohl ich angeblich ein Pitta-Typ bin? 34
Was sind Subdoshas? 34
Was ist Agni? 39
Was sind die Anzeichen eines gesunden oder gestörten Agnis? 39
Was versteht man unter Ojas? 40
Was sind die Anzeichen von gutem Ojas? 40
Was sind Marmas? 41
Was versteht man unter Pragya aparadh? 42
Wie kann Pragya aparadh überwunden werden? 42
Welche Vorstellungen hat Ayurveda von den Geweben des Körpers? 42
Ayurvedische Begriffe in der Übersicht 44

Fragen zu den ayurvedischen Therapien
Welche Behandlungsmethoden gibt es? 50
Was ist Transzendentale Meditation? 51
Welche körperlichen und geistigen Wirkungen hat die Methode? 51
Bei welchen Beschwerden kann TM helfen? 52
Wie kann man Transzendentale Meditation erlernen? 52
Wie wendet man Gandharva-Musik an? 52
Welche Wirkungen sind von Gandharva-Musik zu erwarten? 54

Fragen zur ayurvedischen Ernährungslehre
Worin liegen die Besonderheiten der ayurvedischen Ernährungslehre? 56
Wie unterscheidet sich ayurvedische Ernährung
   von anderen Ernährungsformen? 59
Welche Fehler beim Essen schwächen Agni, das Verdauungsfeuer, und
   lassen Ama, Verdauungstoxine, entstehen? 59
Warum soll man sich auf wenige Mahlzeiten am Tag beschränken? 60
Warum soll die Hauptmahlzeit des Tages mittags und
   nicht abends gegessen werden? 60
Muss man sich vegetarisch ernähren, wenn man sich
   ayurvedisch behandeln lässt? 62
Im Ayurveda wird das Trinken von heißem Wasser zur Entschlackung
   empfohlen. Das Wasser muss mindestens 10 Minuten lang kochen.
   Reicht nicht einfach auch heißes Wasser aus der Leitung? 62

Kann man nicht Tee statt heißes Wasser trinken? 63
Wie viel heißes Wasser soll man trinken und über welchen Zeitraum? 64
Warum wird im Ayurveda bevorzugt Butterreinfett (Ghee) verwendet? ... 64
Wofür ist Lassi gut und wie wird es hergestellt? 65
Was sagt Ayurveda zu Kaffee? 66
Warum darf man laut Ayurveda Honig nicht erhitzen? 67

Fragen zu Panchakarma
Was ist Panchakarma und was bewirkt diese Therapie? 70
Worauf ist bei einer Panchakarma-Behandlung zu achten? 70
Warum ist die richtige Abfolge der Therapieschritte wichtig? 71
Wie ist der Ablauf einer typischen Kur? 72
Wann ist eine Panchakarma-Kur zu empfehlen? 73
Was ist von Panchakarma-Kuren in Indien und Sri Lanka zu halten? 73
Wie erkenne ich, ob eine Ganzkörper-Ölmassage (Abhyanga)
    richtig gemacht wurde? 74
Welche Wirkungen hat ein Abhyanga? 76
Welche weiteren Massageformen gibt es? 77

Fragen zu den ayurvedischen Heilkräuterpräparaten
Was ist das Besondere an den ayurvedischen Heilpflanzenpräparaten? 80
Welche Arzneiformen gibt es und was ist vor der Einnahme zu beachten? .. 80
Wie werden die Heilpflanzen gesammelt und verarbeitet? 81
Haben ayurvedische Mittel Nebenwirkungen? 82
Welche Sicherheitsgarantien für ayurvedische Präparate gibt es? 83
Worauf muss ich beim Kauf ayurvedischer Mittel achten? 83
Was sind Bhasmas? 83
Was ist ein Anupana? 84
Wie stellt man ein Kashaya, eine Abkochung, her? 86
Sollen nicht besser die heimischen Heilpflanzen verwendet werden? 86
Was sind Rasayanas? 87
Welche weiteren Rasayanas gibt es? 89

Fragen zu speziellen vedischen Therapien
Was ist das „Veda-Intensivprogramm"? 96
Was hat es mit den vedischen Klängen und Mantren auf sich? 96

Fragen zur Ausbildung

Welche Anforderungen werden an den Ayurveda-Arzt gestellt? 100
Welche Ausbildungsmöglichkeiten gibt es? 101
Welche Ausbildungsstandards gibt es? 101
Woran kann man sich orientieren? 102
Gibt es offizielle Ausbildungsrichtlinien? 102
Was ist ein(e) Ayurveda-Therapeut(in), was macht er/sie und
    wo kann er/sie arbeiten? 103
Was ist die Aufgabe eines Ayurveda-Gesundheitsberaters? 104
Gibt es für Ärzte eine Zusatzbezeichnung „Ayurveda"? 104
Wird Ayurveda von der Krankenkasse bezahlt? 105

Beschwerden und ayurvedische Behandlung

Rheumatische Erkrankungen 108
Vegetative Störungen und seelische Erkrankungen 110
Magen-Darmstörungen 113
Kopfschmerzen 117
Herz-Kreislaufstörungen 118
Atemwegs- und Erkältungskrankheiten 120
Hautkrankheiten 123
Stoffwechselkrankheiten 130
Wirbelsäulenerkrankungen 132
Allergien 134
Augenkrankheiten 135
Erkrankungen der Harn- und Geschlechtsorgane 136
Sexualstörungen 140

Adressen 142
Weiterführende Literatur 142

Vorwort

Ayurveda boomt! Luxushotels werben mit dem exotischen Flair der uralten indischen Heilkunst und bieten diverse ayurvedische Anwendungen an. Die Tourismusbranche hat Sri Lanka als das gelobte Land für Ayurveda entdeckt und es vergeht keine Woche, in der nicht ein ausführlicher Bericht in einer Zeitschrift, in Rundfunk oder Fernsehen über ayurvedische Ernährung, Massagen, Verjüngungskuren, Kräuterheilmittel, Aromatherapie, Heilen mit Klängen und Musik, Meditation oder Yoga berichtet wird.

Auf die Homepage der Deutschen Gesellschaft für Ayurveda, des bereits vor 18 Jahren gegründeten Ärzteverbandes für ayurvedische Medizin, haben vor wenigen Jahren noch nur wenige tausend Personen zugegriffen. Heute sind es mehr als einhunderttausend pro Monat.

Dem großen Interesse in der Bevölkerung, aber auch in Fachkreisen, folgen naturgemäß Fragen:
- Was ist und was kann Ayurveda wirklich?
- Welche Therapieformen gibt es?
- Wie unterscheiden sich die Ernährungskonzepte von anderen Ernährungslehren? Was hat es mit der ayurvedischen Typenlehre auf sich?
- Was sind Rasayanas?

Oder auch und immer häufiger angefragt:
- Wie erkenne ich, ob dieser oder jener Anbieter einer ayurvedischen Therapie oder Behandlung auch wirklich kompetent ist?
- Welche Qualitätskriterien gibt es für die Panchakarma-Kur, welche für ein Abhyanga, die ayurvedische Ölmassage?
- Und besonders wichtig: Wie rein und unbedenklich sind ayurvedische Kräuterpräparate, wie werden sie hergestellt und welche Quellen sind vertrauenswürdig?

Diese und viele weitere wichtige Fragen versucht dieses Buch kurz und bündig, dabei allgemein verständlich zu beantworten. Darüber hinaus wird es Ihnen wertvolle und praxisbewährte Tipps für eine gesunde Lebensweise und Ernährung nach den seit tausenden von Jahren bewährten ayurvedischen Lebensregeln geben.

Die ayurvedische Heilkunst wurde in den letzten zwei Jahrzehnten unter dem Begriff Maharishi Ayurveda umfassend erneuert. In dieser zeitlosen

Medizin liegen Weisheit, faszinierendes Wissen und ein wertvoller Schatz ärztlicher Erfahrung. Man sagt, die „Halbwertszeit" der als richtig erachteten Erkenntnisse der modernen Medizin läge bei fünf Jahren. Ayurvedisches Wissen bewährt sich dagegen, seit es diese Medizin gibt. Nichts ist neu unter der Sonne und die Gesetze, die das Leben regieren, ändern sich nicht, auch nicht im Zeitalter der Hightechmedizin.

Wer sich mit diesem Urwissen der Menschheit ernsthaft befasst und auch nur einige der einfachen Lebensregeln anwendet, erntet reiche Früchte und erfreut sich eines gesünderen, glücklicheren und erfolgreicheren Lebens.

Möge Ihnen dieses Buch ein verlässlicher Begleiter und Ratgeber auf diesem Wege sein.

Dr. med. Ernst Schrott
Vorstand der Deutschen Gesellschaft
für Ayurveda

Fragen zur Herkunft und Philosophie

„Wie die Hitze dem Feuer und das Flüssigsein dem Wasser, so ist auch der Ayurveda jedem Menschen im Innern zutiefst vertraut."

Charaka Samhita/Klassisches Ayurveda Lehrbuch

Fragen zur Herkunft und Philosophie

Wo liegt der Ursprung von Ayurveda?

Obwohl der Ayurveda historisch und geografisch aus Indien kommt, ist sein wahrer Ursprung nach eigenem Selbstverständnis nicht ein Land, eine bestimmte Zeit oder Kultur. Ayurveda versteht sich als universelle Medizin, die überall und zu allen Zeiten Gültigkeit besitzt, da sie – falls sie richtig verstanden und angewendet wird – auf ewig gültigen Naturgesetzen beruht. Der wahre Ursprung der ayurvedischen Heilkunst ist der Veda, die stille Intelligenz, die der Natur zugrunde liegt und Leben aus sich selbst heraus erschafft. Veda heißt reines Wissen, vollständiges Wissen von den Naturgesetzen. Ayus bedeutet Zeitspanne oder auch Leben. Der Ayurveda ist das reine und vollständige Wissen vom Leben in seiner ganzen Reichweite: der zeitlosen, unendlichen Dimension des Lebens, das der Schöpfung und dem Leben selbst zugrunde liegt, und der begrenzten Zeitdauer eines individuellen Daseins. Der Ayurveda befasst sich demnach mit dem Leben an sich. Seine konkrete und praktische Aufgabe besteht darin, dem Menschen ein gesundes und langes Leben in Glück und Erfolg zu schenken. Dabei steht Vorbeugung an erster Stelle, und Heilung, wenn erforderlich, wird mit den Mitteln der Natur und im Einklang mit ihr erreicht.

REICHWEITE VON AYURVEDA
Ayus bedeutet Zeitspanne oder Leben
Veda ist reines, vollständiges Wissen

Ayurveda ist das Wissen oder die Wissenschaft vom Leben in seiner ganzen Reichweite: vom zeitlich begrenzten individuellen Leben bis zum unbegrenzten, kosmischen und zeitlosen Sein, das dem eigenen Selbst zugrunde liegt.

Welche Rolle spielten die Rishis?

Die alten Texte und Überlieferungen berichten, dass dieses Wissen von so genannten *Rishis* und *Maharishis*, großen Sehern und Weisen, vor tausenden von Jahren in stiller Meditation im eigenen Bewusstsein geschaut wurde. Der Veda und damit der Ayurveda ist demnach im Menschen selbst beheimatet. Das hat große praktische Bedeutung: Wir kennen den Ayurveda, er ist uns eben nicht fremd, seine Prinzipien sind uns vertraut und wir tragen seine Gesetzmäßigkeiten in uns selbst und richten uns oft spontan und unbewusst danach, vorausgesetzt, unsere Wahrnehmung nach Innen ist intakt.

Wie verlief die Geschichte des Ayurveda aus historischer Sicht?

Rein historisch betrachtet, reichen die Wurzeln des Ayurveda zurück in die Zeit der vedischen Hochkultur des alten Indien. Es war eine Phase wissenschaftlicher und kultureller Blüte, die das gesellschaftliche Leben vor mehr als 7000 Jahren gekennzeichnet hat. Künste und Wissenschaften, Architektur und Medizin waren damals hoch entwickelte Bereiche und beeinflussten weit über die Grenzen des indischen Subkontinents hinaus die Philosophie, die Medizinsysteme und das kulturelle Leben anderer Völker. Viele dieser Wissensaspekte von den Zusammenhängen der Natur und den Prinzipien des Lebens leben bis heute in Indien fort.

Im Lauf seiner langen Geschichte gab es unterschiedliche Perioden, die verschiedene Aspekte der ayurvedischen Lehre beeinflusst und geprägt hatten:

- **Vedische Periode** – vor ca. 5000 v. Chr. oder noch früher: Sie ist die Wurzel der indischen Kultur. Die schönen Künste, Wissenschaften, Architektur und Medizin werden als *Upavedas*, betrachtet, als untergeordnete vedische Wissensbereiche des Rik-, Sama-, Yajur- und Atharva-Veda, enthalten aber bereits zahlreiche medizinische Hinweise.
- **Upanishadische Periode** – ab etwa 1000 v. Chr.: Das Wissen wird weiter systematisiert. Die klassischen Texte des Ayurveda, die Charaka-Samhita und die Sushruta-Samhita, werden aufgezeichnet.
- **Pauranische Periode** – Vertiefung und Konsolidierung des Wissens.

Fragen zur Herkunft und Philosophie

- **Buddhistische Periode** – ab etwa 6. Jahrhundert v. Chr.: Die Universitäten von Taxila (Taxashila) und Nalanda sind die Zentren der medizinischen Wissenschaft.
- **Post-Buddhistische Periode:** Verlust von chirurgischem Wissen, aber Gewinn an Wissen über die Zubereitung von medizinischen Präparaten (Rasa Shastra).
- **Mittelalter:** In dieser Phase kam es zu einem allgemeinen Niedergang von Wissen und Können, vor allem auch durch die negativen Einflüsse von Eroberern und sich bekriegender religiöser Parteien.
- **Moderne:** Ende des 19. und Beginn des 20. Jahrhunderts wird der Ruf nach Erneuerung und Neubelebung des Ayurveda laut. Die wissenschaftliche Erforschung, vor allem der ayurvedischen Präparate, wird forciert. Unter der Initiative und Führung von Maharishi Mahesh Yogi in Zusammenarbeit mit den führenden Ayurveda-Experten Indiens und westlichen Wissenschaftlern und Ärzten beginnt Anfang der achtziger Jahre des 20. Jahrhunderts eine umfassende Erneuerung und Neubelebung des Ayurveda und der Vedischen Wissenschaft, die unter den Begriffen Maharishi Ayurveda und Maharishi Vedische Medizin zu einer weltweiten Verbreitung führt, im Ursprungsland höchste Anerkennung genießt und Vorbildcharakter erwirbt.

Welche Bedeutung haben die alten ayurvedischen Texte?

Vedisches Wissen wurde zu Urzeiten und über Jahrtausende nur mündlich von Meister zu Schüler weitergegeben. Grundlage dafür bildete die Rezitation, die streng phonetisch und inhaltlich festgelegte gesangliche Wiedergabe. Generation für Generation wurde so das Wissen exakt bewahrt. Erst sehr viel später wurden die Erkenntnisse der Rishis in Sanskrit, der vedischen Sprache und Schrift, auf Palmblättern niedergeschrieben. Diese ayurvedischen Texte werden als Samhitas bezeichnet, das bedeutet so viel wie Textsammlung oder geordnete Komposition eines Textes. Drei große Samhitas bilden neben sechs weiteren kleineren Werken noch heute die wichtigste schriftliche Grundlage in der Ausbildung der Vaidyas, der ayurvedischen Ärzte Indiens.

Welche Bedeutung haben die alten ayurvedischen Texte?

Die Charaka-Samhita

Vor etwa 2500 Jahren verfasste *Maharishi Charaka* die erste Samhita, eine Textsammlung, die allgemein der Inneren Medizin zugehörig erachtet wird. Bei genauer Betrachtung erweist sich die *Charaka-Samhita* aber als Grundlagenwerk, in dem die vedischen Erkenntnisse umfassend und komprimiert wiedergegeben werden. Die Sutren (Verse) enthalten inhaltlich und in ihrer Klangstruktur konzentriertes Wissen, das entfaltet werden muss – vergleichbar einem genetischen Code, der in abstrakter Anordnung von Atomen und Molekülen die gesamte Information des Lebens enthält und den menschlichen Organismus bei seiner Entwicklung schrittweise entfaltet. Es ist ein Prinzip, das allen vedischen Texten zugrunde liegt. Schon ein Buchstabe enthält den Klang des Lebens, die Silben, Wort und Verse drücken Naturgesetze aus, die mit wiederholter Beschäftigung immer wieder neues Wissen freigeben, entsprechend dem Bewusstsein und der Erfahrung des Studierenden und seiner persönlichen Entwicklung. Man sagt daher: den vollen Wahrheitsgehalt vedischer Texte kann nur ein vedischer Seher selbst, ein Rishi oder Maharishi erkennen und erläutern. Das Studium der vedischen Literatur ist daher ohne Anleitung und Interpretationshilfe oft fehlleitend, da seine Sprache, das Sanskrit, oft vielfältige Interpretation ermöglicht. Dennoch bieten die übersetzten Standardwerke des Ayurveda dem Studierenden eine Fülle von Wissen und Informationen, wenngleich die Übersetzungen – in der Regel ins Englische – stellenweise verbesserungswürdig sind.

Die neun Hauptwerke der ayurvedischen Medizin
Charaka-Samhita: Innere Medizin
Sushruta-Samhita: Chirurgie
Vagbhata-Samhita: Eine Synthese von Charaka und Sushruta

Madhava-Nidan-Samhita: Diagnose und Therapie ausgewählter Krankheiten
Sharngadhar-Samhita: Praktisches Therapiehandbuch
Bhava-Prakash-Samhita: Diagnose und Therapie ausgewählter Krankheiten

Bhel-Samhita: Innere Medizin
Kashyap-Samhita: Kinderheilkunde
Harid-Samhita: Innere Medizin

Fragen zur Herkunft und Philosophie

Die Sushruta-Samhita

Etwa zeitgleich schrieb *Maharishi Sushruta* die zweite bedeutende Samhita. Sie befasst sich neben grundlegenden Lehrinhalten, wie sie auch in der Charaka-Samhita beschrieben werden, vor allem mit der Anatomie und Chirurgie. Hier werden zum Teil erstaunliche Operationstechniken beschrieben, etwa die Operation des Grauen Stares, das Einrichten von Brüchen oder die plastische Chirurgie an Nase und Haut. Sushruta verfügte über ein Arsenal von über einhundert Operationsinstrumenten und beschrieb über siebzig Methoden, eine Wunde zu schließen.

Die Vagbhatta-Samhita

Das dritte große Standardwerk wurde von dem Gelehrten Vagbhatta einige Jahrhunderte später verfasst. Die *Asthangahridaya-Samhita* ist eine Synthese aus den beiden ersten Samhitas.

Weitere Werke

Sechs weitere, kleinere Bücher, die in der Folgezeit geschrieben wurden, befassen sich konkreter mit verschiedenen Teilaspekten der ayurvedischen Medizin, wie der Beschreibung von Ursache und Therapie verschiedener Krankheiten, und vervollständigen so das schriftliche Lehrmaterial des Ayurveda. Darüber hinaus gibt es zahlreiche weitere ayurvedische Texte, man schätzt ihre Gesamtzahl auf etwa zweitausend. Nur die wenigsten davon sind bisher in europäische Sprachen übersetzt worden. Viele, oft noch als Handschrift erhalten, sind in Privatbesitz von Familien, die seit vielen Jahrhunderten die ayurvedische Heilkunde praktizieren. Die Mehrzahl aber befindet sich in Bibliotheken.

शढकि गजभक्ष्या च सुबहा सुरभि रसा
महेरुणा क▫न्दुरुकी वढकी च बहुस्रवा २२
शढकी तुवरा शीता पित्तश्लेष्मातिसारजित्
रृपित्तव्रणहरी पुढिकृत् समुदीरिता २३

Was ist der Unterschied?

Muss man Sanskrit können, um Ayurveda und Veda zu verstehen?

Im Allgemeinen nein – Naturgesetze sind universell. Auch im Westen verstehen wir die Naturzusammenhänge und Gesetzmäßigkeiten des Heilens ohne Sanskrit. Die Sutren in der Charaka-Samhita sind jedoch konzentriertes Wissen, der Klang des Naturgesetzes, einer Pflanze, eines körperlichen Prinzips selbst und daher voller Ausdruck des Wissens. Liest oder spricht man den Begriff oder die Textstellen, dann berührt man sozusagen diesen Aspekt des Lebens, erlebt ihn im wahrsten Sinne des Wortes und erhält so ein umfassendes Verständnis.

Dies ist aber in erster Linie wichtig für den Arzt oder Therapeuten, der die tieferen Hintergründe seiner ayurvedischen Heilkunst besser verstehen will und die Gesetzmäßigkeiten, die Mensch, Natur und Kosmos regieren, in sich selbst erfahren möchte.

Was ist der Unterschied zwischen Ayurveda und Maharishi Ayurveda?

Maharishi Ayurveda ist der authentische und wieder vollständige Ayurveda. Der Zusatz „Maharishi" bezieht sich einerseits auf die großen (maha) Seher und Weisen (Rishis) der vedischen Zeit, die den Ayurveda und andere vedische Wissenszweige geschaut und gelehrt haben, und andererseits aktuell auf Maharishi Mahesh Yogi, der maßgebend an der Erneuerung des Ayurveda Anteil und Verdienst hat.

Im Maharishi Ayurveda wurde eine Vielzahl an Therapien der ayurvedischen Medizin hinzugefügt, die ursprünglich wesentlicher Bestandteil waren. Vor allem die Bedeutung von Bewusstsein als Gesundheits- und Krankheitsfaktor wurde wieder in den Mittelpunkt ärztlicher Therapie gerückt, der Veda und die vedische Literatur als immaterieller Bauplan des menschlichen Körpers erkannt, verschiedene Klangtherapien wieder integriert und traditionelle Therapien, wie Panchakarma, mit Experten überarbeitet und optimiert. In fast allen Bereichen der ayurvedischen Medizin, zum Beispiel in der Herstellung von Kräuterpräparaten, Musik- und Klangtherapien, ayurvedischen Pulsdiagnose, Baubiologie, Meditation, in der vedischen organischen Landwirtschaft,

Fragen zur Herkunft und Philosophie

wurden Standards gesetzt. Diese wurden in einer offiziellen Stellungnahme des All India Ayurveda Congress, der Standesorganisation der Ayurveda-Ärzte Indiens (300 000 Mitglieder), ausdrücklich als in höchstem Maße authentisch und vollständig gewürdigt.

Wo lokalisiert der Ayurveda die Quelle von Gesundheit?

Der ayurvedische Fachbegriff für Gesundheit ist Swastha, von Sanskrit Swa (Selbst) und stha (stehen, gegründet sein). Gesundheit bedeutet demnach so viel wie „im Selbst gegründet sein". Das Selbst gilt dabei als Ort vollkommener Gesundheit, als ein Bereich höchster Ordnung, der immateriellen Grundlage für Regeneration und aller Selbstheilungsmechanismen.

Das eigene Selbst ist die stillste Ebene des eigenen Bewusstseins, sie ist transzendent, ohne Bindung an Raum und Zeit, unvergänglich, ewig. Und der Atma, das Selbst, ist der Sitz von Veda. Der Mensch ist seiner Natur nach kosmisch. Der Veda, so sagen die vedischen Texte, ist das vollkommene Wissen von den Naturgesetzen, das jeder Mensch in sich trägt.

Alle ayurvedischen Therapien zielen letztlich darauf hin, den Menschen zu diesem eigenen Selbst, im allgemeinen Sprachgebrauch können wir auch sagen: zu sich selbst zu führen. Hier enthüllt sich sein wahrer und eigentlicher Wesenskern, was letztlich auch Moksha bedeutet (siehe oben).

Welche Lebensbereiche und Ziele des Menschen möchte Ayurveda verwirklichen?

Die ayurvedischen Texte benennen als erstes und wichtigstes Ziel, die Gesundheit des Menschen zu erhalten und die vier wichtigsten und grundlegendsten Ambitionen im Leben zu unterstützen und zu ermöglichen:

- **Dharma** – ein Leben im Einklang mit den Naturgesetzen, ein tugendhaftes Leben, damit verbunden auch die Erfüllung der individuellen Berufung des Menschen.
- **Artha** – Wohlstand, ein Leben in materiell gesicherten Verhältnissen.
- **Kama** – Freude, ein Leben, in dem die individuellen Bedürfnisse und

Inwieweit sind die Regeln auf den Westen übertragbar?

Wünsche, auch die natürlichen Verlangen wie Sexualität, Ehre, Ruhm und Anerkennung erfüllt werden. Die vedischen Weisen lehren, dass das Leben zur Freude da ist und dass der Sinn des Lebens und der sich in ihr ausdrückenden Evolution darin besteht, in Freude, Glück und Erfüllung zu wachsen. Kama gilt daher auch als Triebkraft der Evolution.
- **Moksha** – spirituelle Befreiung, Erleuchtung, Selbstverwirklichung, ein Leben in Einheit mit dem Göttlichen gilt nach der ayurvedischen Lehre als die höchste Bestimmung des Menschen.

Erst in zweiter Linie befasst sich Ayurveda mit der Behandlung und Heilung von Krankheiten. Die Prävention steht also an erster Stelle. Vorbeugen ist besser (und billiger, muss man hierzulande ergänzen) als heilen!

Inwieweit sind die Regeln des Ayurveda auf den Westen übertragbar?

Ayurveda beschreibt Naturgesetze, die in den klassischen Textsammlungen niedergeschrieben wurden. Die Gesetze, die Mensch, Natur und Kosmos regieren, wurden vor tausenden von Jahren von besonders begabten Menschen in meditativer Versenkung als Inhalte ihres eigenen Bewusstseins geschaut. Die so genannten Rishis und Maharishis, die großen Seher und Weisen der vedischen Tradition, haben ihre Erkenntnisse zunächst nur mündlich weitergegeben, später in Schriftform, das heißt in Sanskrit, verfasst. Das bedeutet also, wer diese Texte vollständig versteht – und dazu muss man eigentlich selbst ein Rishi sein oder braucht einen solchen als Lehrer –, der findet dort perfekt ausgedrückt die Gesetze der Natur und des Lebens. Diese Gesetze sind nicht indisch, sie gelten überall, sind universell. Der Ursprung des Ayurveda ist nicht Indien, sondern die stille Intelligenz der Natur, die dem Leben selbst zugrunde liegt. Sie ist zeitlos, ewig. Ayurveda in reiner Form, befreit von kulturellem Ballast und religiösen Vermischungen, ist reines Wissen, der Gesundheitsaspekt des Veda, basierend auf allgemein gültigen Naturgesetzen und daher natürlich überall anwendbar und wirksam.

> Der Ursprung des Ayurveda ist nicht Indien, sondern die stille Intelligenz der Natur, die dem Leben selbst zugrunde liegt. Sie ist zeitlos, ewig.

Fragen zur Herkunft und Philosophie

Welche Spezialdisziplinen gibt es in der ayurvedischen Medizin?

Traditionell wird der Ayurveda in acht Spezialgebiete aufgegliedert:
1. **Kaya Cikitsa:** Behandlung des gesamten Körpers, die Innere Medizin
2. **Shalakya Tantra:** Behandlung der Krankheiten des Kopfes, Hals-, Nasen-, Ohren-Heilkunde, Augenheilkunde usw.
3. **Shalya Tantra:** Allgemeine Chirurgie
4. **Agada Tantra:** Toxikologie
5. **Bhuta Vidya:** Psychologie und Psychiatrie
6. **Kaumara Bhritya** oder **Bala Tantra:** Kinderheilkunde
7. **Rasayana:** Regenerations- und Verjüngungsmedizin (Anti-Aging-Medizin)
8. **Vajikarana:** Sexualmedizin und Wissen von den Aphrodisiaka.

Welche Lebensbereiche schließt ayurvedische Medizin noch mit ein?

Grundsätzlich umschließt der Ayurveda die volle Reichweite des Lebens und befasst sich mit allen Lebensbereichen und allen Aspekten von Gesundheit und Kranksein. Im Maharishi Ayurveda, der modernen Formulierung der ayurvedischen Heilkunst (Seite 15), wurden daher grundsätzlich auch alle Disziplinen der westlichen Medizin mit eingeschlossen, soweit sie natürlich sind und auf wirklich naturwissenschaftlichem Boden stehen. Denn alles, was die modernen Naturwissenschaften als Wahrheit erkennen, gehört letztlich zum Wissensbereich des Ayurveda, der den Veda als Grundlage hat, der als das reine und vollständige Wissen von den Naturgesetzen, von Mensch, Natur und Kosmos betrachtet wird.

Die Vedische Medizin in einer modernen und umfassenden Definition (nach Maharishi Mahesh Yogi (Seite 15) schließt demnach die folgenden Bereiche ein:
- Die verschiedenen vedischen Wissensbereiche und die vierzig Aspekte der vedischen Literatur, die den Organen, Geweben, Zellen und Funktionskreisen des menschlichen Organismus als immaterieller, kosmologischer Bauplan zugrunde liegen.

Veträgt sich die Vedische Medizin mit der Schulmedizin?

- Ayurveda-Heilkunst in seiner wieder vollständigen Form (Maharishi Ayurveda)
- Moderne Medizin, soweit ohne Nebenwirkungen anwendbar.

Verträgt sich Vedische Medizin mit der Schulmedizin?

Dieses ganzheitliche Vedische Gesundheitsmodell versteht sich nicht als Gegensatz zur modernen Medizin, sondern ergänzt und vertieft diese in wichtigen Bereichen:

- Vedische Medizin hat dort ihre Stärken, wo die Schulmedizin schwach ist: in der Prävention und in der Behandlung chronischer Krankheiten durch natürliche Therapien ohne Nebenwirkungen.
- Während die Hochschulmedizin ein faszinierendes Wissen vom kleinsten Detail biologischer Mechanismen besitzt, erweitert die Vedische Medizin die Fähigkeiten des Arztes durch ein umfassendes Weltbild und die Möglichkeit, mit natürlichen Mitteln aus einem reichen, Jahrtausende alten und daher bewährten Erfahrungsschatz den Kranken selbst zu heilen, nicht nur die Krankheit mit ihren Symptomen.
- Sie belebt die innere Intelligenz des Menschen, den Ursprung und die Quelle seiner Selbstheilungskräfte durch die Verbindung mit dem eigenen Selbst: Yoga, Bewusstseinstechniken (wie etwa die Transzendentale Meditation).
- Auch kosmische Faktoren, der Einfluss der Himmelskörper auf Gesundheit und Wohlbefinden, Glück und Erfolg, werden erkannt und berechnet (Maharishi Jyotish, die vedische Astrologie).
- Gesundes Bauen und Wohnen, Städteplanung nach natürlichen Gesetzmäßigkeiten (Maharishi Sthapatya-Veda, die vedische Baubiologie und Architektur), hat einen hohen Stellenwert. Großes Know-how auf diesem Gebiet ergänzt und erweitert die heutige Umweltmedizin.

Fragen zur Herkunft und Philosophie

Welche Krankheiten können erfolgreich behandelt werden?

Das wichtigste Anliegen des Ayurveda ist die Prävention, die Erhaltung der Gesundheit des Menschen. Darüber hinaus können im Prinzip alle Krankheiten behandelt werden. Ziel der ayurvedischen Therapie ist die Balance, die Harmonie der Doshas. Es werden die Eigenheilkräfte gefördert, die Behandlungen regulieren die Funktionen von Geist und Körper, leiten aus, regenerieren und stärken. Die richtig durchgeführte ayurvedische Therapie verbessert immer das Wohlbefinden des Patienten, ist individuell abgestimmt auf den Körpertyp und die aktuelle Konstellation der Doshas, und sie berücksichtigt die Lebenskräfte des Patienten. Behandelt wird immer der Kranke und nicht allein die Krankheit.

Dennoch gibt es naturgemäß Grenzen der Therapie. Diese liegen vor allem im Patienten und seiner Krankheit selbst, das heißt, in seinem vorhandenen Potential an Selbstheilungskräften, seiner Heilungsbereitschaft und den räumlichen, zeitlichen und materiellen Möglichkeiten, die ihm zur Verfügung stehen.

Unabhängig von diesen individuell oft sehr unterschiedlichen Voraussetzungen gibt aber natürlich auch Krankheitsbilder, die besser oder schlechter auf eine richtig durchgeführte ayurvedische Behandlung ansprechen.

Krankheitsbilder (Beispiele), die in der Regel gut ansprechen

- Akute und chronische Hautkrankheiten
- Akute und chronische Nasennebenhöhlen-Entzündungen
- Erkältungskrankheiten
- Asthma bronchiale
- Herzschwäche, vegetative Herzbeschwerden
- Chronische rheumatische Erkrankungen
- Wirbelsäulensyndrome,
- Psychosomatische Krankheiten
- Akute und chronische Magen-Darmerkrankungen
- Übergewicht und Stoffwechselerkrankungen (Gicht, Diabetes Typ II = Altersdiabetes)
- Psychovegetative Beschwerden (Schlafstörungen, Ängste, Nervosität)
- Gynäkologische Erkrankungen (Regelstörungen, Prämenstruelles Syndrom, Myom, Wechseljahrbeschwerden)

Kann Ayurveda kombiniert werden?

Krankheiten (Beispiele), bei denen ayurvedische Medizin bedingt oder unterstützend helfen kann

- Organische und chronisch entzündliche Erkrankungen des Nervensystems (wie Multiple Sklerose)
- Tumorerkrankungen (auch Unterstützung notwendiger schulmedizinischer Therapien und Verringerung der Nebenwirkungen)
- Arthrose im fortgeschrittenen Stadium (Linderung der Beschwerden möglich, auch durch lokale Anwendungen)

Krankheiten, die nicht ayurvedisch behandelt werden können

- Alle akuten Erkrankungen, die moderne medizinische Notfallmaßnahmen erfordern
- Alle Erkrankungen, die durch Operation behandelt werden müssen
- Schwere Erkrankungen, die eine Intensivpflege erfordern

Kann Ayurveda mit anderen Naturheilverfahren oder der Schulmedizin kombiniert werden?

Ayurvedische Therapien können im Prinzip mit jeder Art von Behandlung kombiniert werden. Es gibt aber einige Einschränkungen:

- Bei gleichzeitiger homöopathischer Therapie sollten keine Aromaöle verwendet werden. Aromen können die Wirkung von Homöopathika beeinträchtigen.
- Panchakarma (siehe Seite 69 ff.) sollte nicht während einer Chemotherapie durchgeführt werden. Die ayurvedischen Behandlungen leiten die allopathischen Medikamente wirkungsvoll aus, wodurch der beabsichtigte Effekt der Chemotherapie unter Umständen beeinträchtigt wird.
- Während einer Panchakarma-Therapie sollten keine regulativ eingreifenden anderen Behandlungen durchgeführt werden (außer notwendige Medikamente), also zum Beispiel keine Akupunktur, Homöopathie, Infusionstherapie, Sauerstoffbehandlung, Kneipptherapie etc., da die ayurvedische Therapie – vorausgesetzt, sie wird richtig durchgeführt – auf sehr subtilen Ebenen Heilprozesse in Gang setzt, die durch andere Behandlungen gestört werden können.

Fragen zu grundlegenden ayurvedischen Vorstellungen und Prinzipien

„Man möge einen Lebensstil entwickeln,
durch den die Gesundheit bewahrt
und die noch ungeborene Krankheit vermieden wird."

Charaka 1.5.13

Fragen zu ayurvedischen Vorstellungen und Prinzipien

Was sind Doshas?

Dosha heißt wörtlich „Fehler oder Abweichung". Gemeint ist das Abweichen oder Heraustreten aus der Harmonie und Ordnung kosmischer Einheit. Im ayurvedischen Sprachgebrauch sind die drei Doshas die grundlegenden Regelkräfte, die in der äußeren Natur wirken und die unsere eigene Natur durchdringen und formen.

Wenn Vata, Pitta und Kapha in perfekter Balance zueinander stehen, dann fühlen wir uns körperlich und geistig gesund, ganz, integriert, sind in Frieden mit uns, schöpfen aus unserem vollen, naturgegebenen Potential. Die Einheit, Samhita, dominiert über die Unterschiede.

Individuelles Gleichgewicht der drei Doshas bedeutet Gesundheit.

Sind die Doshas dagegen im Ungleichgewicht – und nur dann sind sie eigentlich im strengen Sinne Doshas Abweichungen von der natürlichen Norm – dann fühlen wir uns unwohl oder erleiden gar körperliche oder psychische Krankheiten.

Die Unterschiede der drei Doshas sind grundsätzlicher Natur

Vata bewegt, verändert, kommuniziert, ist wach und klar, ist Ausdruck unserer körperlich-geistigen Lebendigkeit. Durch Vata nehmen wir wahr, erfahren wir die Umwelt, erleben wir unseren Körper und die Gedanken unseres Geistes. Durch Vata schlägt unser Herz, atmen unsere Lungen, gehen, sprechen und denken wir, werden Stoffe im Körper aufgenommen, transportiert und ausgeschieden.

Pitta erzeugt die Energie und die Wärme in unserem Körper und steuert alle Verbrennungsvorgänge in den Verdauungsorganen, Zellen und Geweben. Pitta bedeutet Wärme, Stoffwechsel, Durchblutung, Temperament, Energie, Dynamik.

Kapha verleiht Stabilität und Ausdauer, gibt dem Körper, seinen Zellen und Organen die Form und Gestalt und regelt den Flüssigkeitshaushalt im Organismus. Kapha bedeutet Feuchtigkeit, Körperfülle, Stärke und Festigkeit, Ruhe, Ausdauer, langfristiges Denken und Handeln. Kapha ist die materielle Grundlage unseres Seins.

Was sind typische Anzeichen einer Vata-Störung?

Was sind die typischen Anzeichen einer Vata-Störung ?

Zu viel an Vata zeigt sich auf der *psychischen Ebene* (Beispiele) durch
- geistige Unruhe: Angst, Sorgen, Gedankenzudrang (man kann nicht abschalten),
- Nervosität,
- Konzentrationsstörungen,
- Gedächtnisstörungen, Wortfindungsstörungen,
- Überempfindlichkeit der Sinne.

Auf *körperlicher Ebene* können unter anderem auftreten:
- Gelenk-, Rücken- oder Kopfschmerzen,
- trockene Haut und Schleimhäute,
- trockener Stuhl (Verstopfung),

Fragen zu ayurvedischen Vorstellungen und Prinzipien

1. Tag-Nachtrhythmus

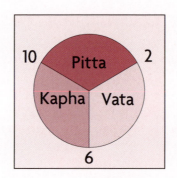

2. Jahreslauf

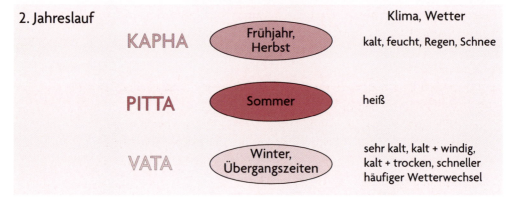

3. Lebensphase

Wie gleicht man einfache Vata-Strörungen grundsätzlich aus?

- Blähungen,
- Krämpfe,
- Herzrhythmusstörungen,
- Lähmungen, Kribbelempfindungen, Gangunsicherheit,
- Zittern.

Wie gleicht man einfache Vata-Störungen grundsätzlich aus?

Die Grundregeln heißen: Regelmäßigkeit in Ruhe und Aktivität, auch regelmäßige Mahlzeiten, nahrhaftes Essen, Ruhe, Ölanwendungen, Wärme zuführen, ausreichend Flüssigkeit zu sich nehmen, Probleme entsorgen.

Praktische Tipps

- Gehen Sie früh zu Bett, am besten vor 22 Uhr, noch in der Kapha-Zeit des Abends; so nehmen Sie Stabilität und Ruhe mit in den Schlaf.
- Essen Sie regelmäßig, am besten immer zur gleichen Stunde und immer in Ruhe mit Aufmerksamkeit. Nehmen Sie sich Zeit zum Essen. Essen Sie wie ein König und bleiben Sie nach dem Essen noch mindestens 10 Minuten sitzen (siehe allgemeine Essensregeln Seite 61).
- Nahrungsmittel mit der Geschmacksrichtung süß, sauer und salzig und warmes, öliges, nahrhaftes Essen beruhigen Vata am meisten.
- Regelmäßige Ölmassagen mit warmem Sesamöl oder Vata-Massageöl sind äußerst Nerven beruhigend und tun vor allem Vata-Personen gut (siehe Seite 32)
- Trinken Sie Vata-Tee, verwenden Sie Vata-Churna und benutzen Sie ein Vata-Aromaöl
- Nehmen Sie sich Zeit für einen Morgenspaziergang, der Sie mit den Kräften des noch jungen Tages nährt.
- Hören Sie regelmäßig einige Minuten Gandharva-Musik. Sie beruhigt und entspannt, schenkt inneren Frieden und Zuversicht.

Fragen zu ayurvedischen Vorstellungen und Prinzipien

Das sollten Sie meiden
- Unregelmäßige Lebensweise
- Nachtwachen
- langes Arbeiten am PC, zu langes Fernsehen
- unnötige Aufregungen
- zu viel Rohkost, blähende Speisen wie Lauch, Zwiebel, Kohl, Kraut, frische Vollkornprodukte, Hefegebäck
- beim Essen fernsehen, Zeitung lesen, Radio hören
- Fasten
- Arbeiten ohne Pausen
- Nur einseitig geistig arbeiten, ohne körperlichen Ausgleich zu suchen

Was sind die typischen Anzeichen einer Pitta-Störung?

Zu viel an Pitta zeigt sich auf der psychischen Ebene durch (Beispiele)
- Gereiztheit
- Aggression
- Aufbrausendes Verhalten
- Pedanterie
- Rechthaberei
- Streitsüchtigkeit

Auf körperlicher Ebene können unter anderem auftreten:
- Hitze
- Brennen
- Schwitzen
- Entzündung
- Geschwüre
- Durchfälle
- Haarausfall
- Hautrötungen und rote Hautausschläge
- Störungen von Leber und Galle usw.

Wie gleicht man einfache Pitta-Störungen grundsätzlich aus?

Die Grundregeln heißen: Kühlen Kopf bewahren, Extreme vermeiden, kühlende Anwendungen, kühlende Nahrung (Ghee, süße Früchte, dünnes Lassi), süße, herbe und bittere Nahrungsmittel und Heilpflanzen.

Praktische Tipps
- Gehen Sie noch vor der Pitta-Zeit der Nacht zu Bett (vor 22 Uhr)
- Essen Sie regelmäßig in Ruhe und vermeiden Sie alle Stimulanzien (Kaffee, Schwarztee, Alkohol, Nikotin, Aufputschmittel)
- Nahrungsmittel mit der Geschmacksrichtung süß, herb und bitter und moderat warme oder kühle sowie sättigende Speisen beruhigen Pitta am meisten
- Regelmäßige Ölmassagen mit Kokosöl oder Pitta-Massageöl wirken überhitztem Pitta entgegen und tun vor allem Pitta-Personen gut (siehe Seite 32)
- Trinken Sie Pitta-Tee, verwenden Sie Pitta-Churna und benutzen Sie ein Pitta-Aromaöl
- Nehmen Sie sich Zeit für einen Morgenspaziergang, der Sie mit den Kräften des noch jungen Tages nährt und Sie einen kühlen und klaren Geist bewahren lässt.

Das sollten Sie meiden:
- Unregelmäßige Lebensweise
- nach 22 Uhr wieder aktiv werden
- hitzige Diskussionen und unnötige Aufregungen
- zu viel scharfes, saures und salziges Essen, Ketchup, Sauermilchprodukte, künstlich aromatisierte, mit Konservierungsstoffen versetzte Speisen, Fisch und alle Meerestiere, rotes Fleisch, Tomaten, Paprika, Zwiebel, Knoblauch und zu heiße Speisen und Getränke
- beim Essen fernsehen, Zeitung lesen, Radio hören
- Fasten
- zu dominantes Verhalten
- nur einseitig geistig arbeiten, ohne körperlichen Ausgleich zu suchen

Fragen zu ayurvedischen Vorstellungen und Prinzipien

Was sind die typischen Anzeichen einer Kapha-Störung?

Zu viel an Kapha zeigt sich auf der psychischen Ebene durch (Beispiele):
- geistige Trägheit, Langsamkeit
- Antriebsschwäche
- Schwermut

Auf körperlicher Ebene können unter anderem auftreten:
- Schweregefühl
- Übergewicht
- Wasseransammlungen
- übermäßige Schleimbildung
- Anfälligkeit für Erkältungskrankheiten
- Allergien
- Diabetes
- hohe Blutfettwerte usw.

Wie gleicht man einfache Kapha-Störungen grundsätzlich aus?

Die Grundregeln heißen: Leichte und leicht verdauliche Speisen, scharfe, herbe und bittere Nahrungsmittel und Heilpflanzen, Fasten, warmes, gut gewürztes Essen, heiße Getränke, körperliche Bewegung und anregende geistige Aktivität.

Praktische Tipps
- Stehen Sie früh auf, noch vor der Kapha-Zeit des Morgens (also vor 6 Uhr)
- Fasten Sie oder essen Sie nur leichtes und bekömmliches Essen unterhalb des Sättigungspunktes
- Nahrungsmittel mit der Geschmacksrichtung scharf, herb und bitter und warmes, gut gewürztes Essen verringern Kapha am besten
- Trockenmassagen oder Ölmassagen mit Sesamöl oder Kapha-Massageöl

reduzieren Kapha und tun Kapha-Personen gut (siehe Seite 33)
- Trinken Sie Kapha-Tee, verwenden Sie Kapha-Churna und benutzen Sie ein Kapha-Aromaöl
- Trinken Sie regelmäßig heißes Wasser (siehe Seite 64)
- Verschaffen Sie sich Bewegung in jeder Form

Das sollten Sie meiden:
- eine langweilige oder träge Lebensweise
- zu lange in den Tag hinein schlafen
- depressives Gedankengut
- fettes und schweres Essen, Zwischenmahlzeiten, süßes, saures und salziges Essen, zu viel Brot, Süßwaren, Milchprodukte, Fleisch, Wurstwaren, nahrhafte Getränke (Bier, Milch, Malzgetränke)
- beim Essen fernsehen, Zeitung lesen, Radio hören
- Schlafen nach dem Essen
- Bewegungsmangel

Was hat es mit den ayurvedischen Typen auf sich?

Die drei Doshas sind von Natur aus individuell unterschiedlich stark ausgeprägt. Sie kennzeichnen daher auch unsere körperlichen und geistigen Anlagen und Fähigkeiten, Körperbau und Konstitution. Es werden daher ayurvedische Konstitutionstypen beschrieben. Theoretisch kann man 10 Typen unterscheiden:
- Vata
- Pitta
- Kapha
- Vata-Pitta
- Vata-Kapha
- Pitta-Vata
- Pitta-Kapha
- Kapha-Vata
- Kapha-Pitta
- Vata-Pitta-Kapha

Fragen zu ayurvedischen Vorstellungen und Prinzipien

Was kennzeichnet den ayurvedischen Typ und welche Konsequenzen ergeben sich daraus ?

Wenn ein Dosha von Natur aus stärker angelegt ist als die anderen, dann charakterisiert es die gesamte Persönlichkeit: Körperbau und Temperament, Beschaffenheit von Haut, Haaren, Gelenken, Geweben, Neigungen, Bedürfnisse sich zu ernähren, Fähigkeiten und Talente, die bevorzugte Wahrnehmung über Auge, Ohr, Geruchs- oder Tastsinn, die Berufs- und Partnerwahl, letztlich das gesamte persönliche und soziale Leben. Der Typ, wie Ayurveda ihn beschreibt, ist daher auch bei Empfehlungen für die Gesunderhaltung und bei der Behandlung von Krankheiten von grundlegender Bedeutung.

Merkmale des Vata-Typs

Typische Körpermerkmale
- Zarter Körperbau, schlank und klein oder hoch gewachsen
- Physiologie und Ausstrahlung: fein, luftig, zart, subtil und empfindsam
- Zierliche, feine, sensitive, geschickte und flinke Hände
- Kleine Nase
- Feine Lippen, zarte Wimpern
- Kleine, flinke, wache, bewegliche Augen
- Bewegungsmuster: leicht, schnell, veränderlich, gestenreich

Charaktereigenschaften und Verhalten
- Lebhaftes, waches und bewegungsintensives Wesen
- Geistreiche Unterhaltung
- Rasche Auffassungsgabe, lebendiger Geist
- Liebt Musik, Tanz und alles was mit Bewegung zu tun hat
- Spricht viel und schnell und über zahlreiche Themen
- Bevorzugte Sinnesorgane: Ohr, Haut

Merkmale des Pitta-Typs

Typische Körpermerkmale
- Markantes Profil
- Leuchtende bis feurige Augen, scharfer Blick
- Kräftig durchblutetes Gesicht und Hände, große Körperwärme

Was kennzeichnet den ayurvedischen Typ?

- Sommersprossen
- Sonnenempfindlichkeit
- Lichtes Haar, hohe Stirn, Geheimratsecken
- Weiches Gewebe, Überstreckbarkeit der Gelenke

Charaktereigenschaften und Verhalten
- Scharfer Verstand
- Guter Redner
- Glaubt von sich ein „Nachtmensch" zu sein, da er gerne bis spät nachts (Pitta-Zeit 22 bis 2 Uhr!) aufbleiben möchte
- Pünktlichkeitsstreben, Perfektionismus
- Prägnante Ausdrucksweise
- Emotionalität und Leidenschaft
- Hitzkopf
- Humor
- Möchte herrschen und beherrschen
- Bevorzugtes Sinnesorgan: Auge

Merkmale des Kapha-Typs

Typische Körpermerkmale
- Schwerer Körperbau,
- Runde Körperformen
- Große, ruhige, freundliche Augen
- Große, regelmäßige und strahlend-weiße Zähne
- Kräftige Hände
- Große Lippen
- Buschige Augenbrauen
- Langsame und ruhige Bewegungen
- Ölige Haut und Haare, kräftiger Haarwuchs

Charaktereigenschaften und Verhalten
- Ruhige, langsame Sprache
- Tiefe, weiche, sonore Stimme
- Liebevolles, freundliches Wesen
- Gemütliche Persönlichkeit
- Braucht relativ viel Schlaf

Fragen zu ayurvedischen Vorstellungen und Prinzipien

- Nimmt alles nicht so genau
- Großzügig, pflegt das Prinzip: leben und leben lassen
- Schätzt Luxus, Wohlstand, schwere Gegenstände und Möbel
- Oft wohlhabend
- Bevorzugte Sinnesorgane: Nase und Gaumen

Warum hat mir ein Ayurveda-Arzt Vata-Tee verordnet, obwohl ich angeblich ein Pitta-Typ bin?

Es gilt zu unterscheiden zwischen *Typ*, also der naturgegebenen Konstitution, und einer *Abweichung* von dieser Natur, also einer Störung. Hat jemand zum Beispiel eine Pitta- oder Kapha-Natur, so kann er ganz unabhängig davon durch die besonderen Umstände seines Lebens zum Beispiel eine Vata-Störung erleiden. Als Kapha-Pitta-Typ ist er an sich psychisch und körperlich stabil, hat große Energie und Ausdauer, geht mit Begeisterung an seine Aufgaben heran und besitzt Humor und Kreativität. Wenn er oder sie nun durch andauernden Stress, wenig Schlaf, aufreibende Tätigkeiten, unregelmäßiges Essen usw. aus dem körperlich-seelischen Gleichgewicht kommt, dann können sich zum Beispiel Schlafstörungen, Stuhlverstopfung, Nervosität, Muskelverspannungen, Blähungen einstellen, typische Symptome also, die durch zu sehr angeregtes Vata auftreten. Die ayurvedische Behandlung besteht dann naturgemäß darin, die Ursachen zu beseitigen und das Vata zu balancieren.

Was sind Subdoshas?

Subdoshas sind jeweils fünf Teilfunktionen der Doshas. Sie charakterisieren die einzelnen Funktionen von Vata, Pitta und Kapha genauer. Jedes Subdosha repräsentiert körperliche und psychische Qualitäten.

Die Subdoshas von Vata

- **Prana:** Nerven- und Atemenergie, entspricht in etwa dem Chi der traditionellen chinesischen Medizin und sitzt hauptsächlich in Nervensystem, Herz und Brust. Prana fließt in den Nerven, ist aktiv beim Denken und beim Atmen. Mit dem Atem nehmen wir Prana aus der

Was sind Subdoshas?

äußeren Natur auf und führen es über die feinsten Nervenkanäle und die so genannten Nadis (feinstoffliche Energiekanäle) den Zellen, Geweben und Organen und dem Nervensystem zu.

Gutes Prana: Jemand „hat starke Nerven", „ist ein heller Kopf".

Schwaches oder übererregtes Prana: Ängste, Sorgen, Schlafstörungen, Erkrankungen des Nervensystems, Herzens, Lunge. Jemand hat „schwache Nerven".

- **Udana:** ermöglicht das Sprechen und bewegt sich nach oben. Udana sitzt hauptsächlich im Bereich der Kehle und zwischen Nabel, Nacken und Nase und vermittelt Stärke von Geist, Gedächtnis und Intellekt und der Körperenergien.

Gutes Udana: Jemand hat eine klare, kräftige Stimme.

Schwaches oder übererregtes Udana: Jemand hat eine schwache Stimme, „einen Kloß im Hals", „die Angst im Nacken", „die Nase voll".

- **Samana:** Peristaltik im Magen-Darmtrakt, unterstützt die Verdauung (bläst Wind in das Feuer der Verdauung), unterstützt den Transport der Nährstoffe zu den Körpergeweben.

Gutes Samana: Normaler Transport der Nahrung im Darm, gute Aufnahme von Nährstoffen. Jemand fühlt sich wohl im Bauch, ruht in seiner Mitte.

Schwaches oder übererregtes Samana: Träge Verdauung, Krämpfe in Magen und Darm, Durchfall. Jemand „hat Schmetterlinge im Bauch", „muss vor Aufregung dauernd auf Toilette".

- **Apana:** Ausscheidung von Stuhl, Urin, Menstruationsblut und Samen, ermöglicht die Geburt. Auf geistiger Ebene bewirkt Apana des „Loslassen" von Gefühlen. Sein körperlicher Hauptsitz ist im Unterleib.

Gutes Apana: Normale Ausscheidungen, normale Menstruation. In sich ruhen und gelassen sein, loslassen können.

Schwaches oder übererregtes Apana: Verstopfung, schwache Blase, Stuhl- oder Harninkontinenz, Kreuzschmerzen, Menstruationsbeschwerden, Hüftschmerzen. Jemand ist „geistig verkrampft", „macht vor Angst in die Hose".

- **Vyana:** Zirkulation, Verteilung von innen nach außen. Vyana steuert den Herzrhythmus, den Blutkreislauf, bringt die Nährstoffe und das Blut über die Körperkanäle zu den Geweben bis in die Haut.

Gutes Vyana: Normaler Blutdruck, gute Durchblutung und Zirkulation. Begeisterung und Lebensfreude (rosige Wangen und gute Durchblutung bei Freude)

Schwaches oder übererregtes Vyana: Niedriger oder hoher Blutdruck, Durchblu-

Fragen zu ayurvedischen Vorstellungen und Prinzipien

tungsstörungen, Gefäßverkrampfungen. Jemand stirbt „innerlich ab", „ist blass vor Schreck", „kann sein Inneres nicht ausdrücken".

Die Subdoshas von Pitta

- **Pachaka:** Hauptverdauungsfeuer, sitzt hauptsächlich im Magen, Zwölffingerdarm und Dünndarm.
  Gutes Pachaka: Guter Appetit, normale Verdauung von Nahrung, gute Wärmebildung. Jemand „kann geistig die Dinge gut verdauen".
  Schwaches oder übererregtes Pachaka: Schwacher Appetit, Schwächegefühl oder Müdigkeit nach dem Essen, Heißhunger, Sodbrennen. Jemand „stößt etwas sauer auf", „liegt etwas schwer im Magen".
- **Ranjaka:** Blutbildung in Leber und Milz, Entgiftung, Verdauungsfeuer in Leber, Galle, Bauchspeicheldrüse.
  Gutes Ranjaka: Gesundes Blut, normale Funktionen von Leber, Galle, Bauchspeicheldrüse, Milz, gesunde Färbung der Haut. Jemand „ist ein vollblütiger Mensch".
  Schwaches oder übererregtes Ranjaka: Gelbsucht, Leber-Gallekrankheiten, Blutarmut, gestörte Fettverdauung, ungesunde Haut, Milzerkrankungen. Ärger, Gereiztheit, emotionale Instabilität. Jemand „ist eine Laus über die Leber gelaufen".
- **Sadhaka:** Die Gefühlsseite des Herzens, emotionale Intelligenz, ganzheitliche Erkenntnis, Gedächtnis, Mut, Beherztheit, Moral und Tugend vermittelt dieses Subdosha.
  Gutes Ranjaka: Glück und Zufriedenheit, Mut, gutes Gedächtnis, Fähigkeit ganzheitlich zu begreifen. Jemand „hat ein gutes Herz", „geht beherzt an eine Sache heran", „ist herzlich", „hat das Herz am rechten Fleck".
  Schwaches oder übererregtes Sadhaka: Sorgen, Kummer, Gedächtnisstörungen, geistige Krankheiten. Jemand ist „hartherzig", „herzlos", etwas „lastet schwer auf seinem Herzen".
- **Alocaka:** Die Sehkraft des Auges, die Fähigkeit zur Innenschau und für Visionen, die hormonelle Aktivität (die zum Beispiel auch durch Licht und Dunkel gesteuert wird).
  Gutes Alocaka: Klares Sehen, gutes geistiges Vorstellungsvermögen, normale hormonelle Regulation. Jemand „sieht klar".
  Schwaches oder übererregtes Alocaka: Sehstörungen, Augenerkrankungen,

Was sind Subdoshas?

Hormonstörungen. Jemand „ist blind für die Wahrheit", „sieht rot", „sieht schwarz", „ist blauäugig".

- **Bhrajaka:** Das Leuchten und die Durchblutung der Haut.
  Gutes Bhrajaka: Strahlende, gut durchblutete Haut, Leuchten der Persönlichkeit. Jemand „strahlt über das ganze Gesicht".
  Schwaches oder übererregtes Bhrajaka: Unreine Haut, Ekzeme, Weißfleckenkrankheit und andere Hautkrankheiten. Jemand „verliert an Ausstrahlung", „wirkt farblos", „fühlt sich nicht wohl in seiner Haut".

Die Subdoshas von Kapha

- **Kledaka:** Befeuchtet die Nahrung und bildet den Schleim im Magen. Nährt und stärkt auch die übrigen Subdoshas von Kapha.
  Gutes Kledaka: Gute Verflüssigung und Befeuchtung von Nahrung. Geistige Kraft und Ausdauer. Jemand „ist voller Saft und Kraft".
  Schwaches oder übererregtes Kledaka: Essen liegt schwer im Magen, Schleimerbrechen, Dumpfheit nach dem Essen. Jemand „hat weder Saft noch Kraft".
- **Avalambaka:** Sitzt im Herzen und in der Brust, verleiht Kraft und stärkt den Rücken.
  Gutes Avalambaka: Gesundes Herz, aufrechte Körperhaltung, kräftiger Rücken, gute Vitalität. Jemand „geht aufrecht durchs Leben", „beweist Rückgrat".
  Schwaches oder übererregtes Avalambaka: Herzschwäche, Rückenbeschwerden, Skoliose, schwacher Rücken. Jemand „hat kein Rückgrat", „knickt ein", ist „von Kummer gebeugt".
- **Bodhaka:** Sitzt in der Zunge und in den Speicheldrüsen, ermöglicht die Geschmackswahrnehmung, produziert Speichel und befeuchtet die Nahrung im Mund.
  Gutes Bodhaka: Normale Speichelbildung, normaler Geschmackssinn. Jemand „läuft das Wasser im Munde zusammen", „hat einen guten Geschmack", ist ein „Feinschmecker".
  Schwaches oder übererregtes Bodhaka: Mundtrockenheit, schlechter Geschmack übermäßiger Speichelfluss. Jemand „hat einen schlechten Geschmack".
- **Tarpaka:** Sitzt im Kopf und Rückenmark und ernährt die Sinnesorgane, verleiht mentale Stärke.
  Gutes Tarpaka: Sinnesorgane arbeiten normal, gutes Gedächtnis, normale geistige Funktionen, man „ist die Ruhe in Person", „eine starke Persönlichkeit".

Fragen zu ayurvedischen Vorstellungen und Prinzipien

Schwaches oder übererregtes Tarpaka: Erkrankungen des Nervensystems, Rückenmarks-, Rückenverletzungen, Wirbelblockierungen, Sinusitis. Jemand „ist wie gelähmt", „er ist geschockt", die Nerven liegen blank".

- **Shleshaka:** Sitzt unter anderem in den Gelenken und ölt diese, gibt ihnen Kraft, kühlt sie, schützt sie vor Überhitzung. Shleshaka bildet Fettstoffe und Talg in der Haut für den Schutz und die Geschmeidigkeit der Oberfläche des Körpers und produziert das Sekret in den Schleimhäuten.
Gutes Shleshaka: Geschmeidige, gut „geschmierte", kräftige Gelenke, feiner Schutzfilm auf der Haut, widerstandsfähige Schleimhäute. Jemand „steht fest mit beiden Beinen auf dem Boden", „es läuft wie geschmiert".
Schwaches oder übererregtes Shleshaka: Knacken, Schmerzen, Schwellungen, Arthrose der Gelenke, trockene Haut, fettige Haut, Trockenheit der Schleimhäute oder Verschleimung. Jemand „ist steif, ungelenk".

Subdoshas wirken auf allen Ebenen – körperlich und geistig

Die Subdoshas haben jeweils noch viele weitere Funktionen und wirken nicht nur auf der Ebene der beschriebenen Organe, sondern ganzheitlich auf allen Körperebenen. So finden wir sie beispielsweise alle als Funktionseinheiten einer Zelle oder eines Organs wieder.

Vyana steuert am Herzen den Herzrhythmus, Avalambaka repräsentiert die Herzmuskulatur, Prana versorgt das Herz mit Sauerstoff und Nervenenergie, Pachaka bewirkt den Stoffwechsel des Herzens usw. Dies entspricht ganz der vedischen Lehre und Vorstellung vom Aufbau der Natur, nachdem sich in jedem Teil des Lebens auch die Ganzheit wiederfindet.

Die Kunst des Vaidyas, des ayurvedischen Arztes, besteht nun vor allem auch darin, aus der Krankengeschichte des Patienten, der körperlichen Untersuchung und der ayurvedischen Pulsdiagnose die Schlüsselstörung, das eigentliche verursachende Problem, zu erkennen. Dieses ist oft in einem der Subdoshas zu finden, das dann sehr gezielt und erfolgreich behandelt werden kann.

Was ist Agni?

Agni ist das Feuer des Lebens, das der belebten und unbelebten Natur als Energie- und Wärmeprinzip zugrunde liegt. In der äußeren Natur ist die Sonne der große Agni, der Licht und Leben spendet. In lebenden Wesen erkennen wir Agni als Wärme und Licht, die sie ausstrahlen. Dieses biologische Feuer ist verantwortlich für Energie, Transformation und Reifung, auch im geistigen Sinne. Im Körper finden wir Agni am stärksten wirksam als das Verdauungsfeuer. Es „brennt" in den Verdauungsorganen, in allen Zellen und überall, wo Stoffe verarbeitet und umgewandelt werden. Agni ist ein überaus wichtiges ayurvedisches Prinzip, da Gesundheit, Energie und Wohlbefinden ganz entscheidend von seiner guten Funktionsweise abhängen. Zahlreiche ayurvedische Empfehlungen beziehen sich daher immer wieder darauf und wollen Stoffwechsel und Verdauung stärken.

Was sind die Anzeichen eines gesunden oder gestörten Agnis?

Gesundes Agni zeichnet sich aus durch normalen, gesunden Appetit, gute Verdauung, Vitalität, Lebensfreude, rosige Wangen, gut durchblutete Haut, gute Wärmebildung, Intelligenz und Kreativität, Ausstrahlung und klaren Geist.

Ist Agni gestört, dann kann es schwach, unregelmäßig oder zu stark sein. Entsprechend verhält es sich mit den körperlichen und geistigen Beschwerden.

- *Schwaches Agni:* Völlegefühl, Appetitlosigkeit, Müdigkeit nach dem Essen, blasses Aussehen, träges Denken, dumpfer Geist, Depression usw.
- *Unregelmäßiges Agni:* wechselnder Appetit, wechselnde Verdauungsstörungen wie Blähungen, Nahrungsmittel-Unverträglichkeiten, labile, vom Essen abhängige Stimmungslage usw.
- *Zu scharfes Agni:* Sodbrennen, Heißhunger, Geschwüre, Hitzempfindungen, Hautrötungen, Schwitzen, Aggressivität oder psychische Gereiztheit usw.

Indem man die ayurvedischen Ernährungs- und Lebensregeln beachtet (siehe Seite 55 ff.), bleibt das Verdauungs- und Lebensfeuer gesund oder wird in Verbindung mit ayurvedischen Behandlungen wieder verbessert oder geheilt.

Fragen zu ayurvedischen Vorstellungen und Prinzipien

Was versteht man unter Ojas?

Ojas, die Glücksubstanz von Geist und Körper, steht in enger Beziehung zu Agni und zur Harmonie der Doshas. Es ist eine feinstoffliche Substanz, die den Zusammenhalt und die integrierte Funktionsweise des gesamten Organismus aufrechterhält. Gutes Ojas verleiht ein strahlendes, gesundes Aussehen, gute Gesundheit, die Erfahrung von innerem Glück, gutes Immunsystem und Schutz vor Krankheiten. Durch eine spirituell reine Lebensweise, gesunde Ernährung, Heilpflanzen und Rasayanas (siehe unten) kann Ojas gestärkt und erhalten werden.

Was sind die Anzeichen von gutem Ojas?

Gesundes, gut ausgeprägtes Ojas ist Ausdruck vollkommener Gesundheit.
- *Die Haut* ist schön, voller Ausstrahlung, geschmeidig, rein und normal durchblutet. Sie hat einen feinen, seidenen Glanz.
- *Alle Körperfunktionen* arbeiten harmonisch und ausgewogen.
- Das Immunsystem ist vital, Haut und Schleimhäute sind widerstandsfähig und geschützt.
- *Das Bewusstsein* ist wach und klar, kreativ und voller Lebensfreude, innerem Glück und tugendhaften Gedanken. Das Handeln ist erfolgreich und dem Handelnden selbst sowie seiner Umgebung in jeder Hinsicht förderlich.

Gutes Ojas wird erreicht durch ein gesundes Leben nach den Regeln der ayurvedischen Lebenskunde. Als besonders Ojas-fördernd gelten:
- *Rasayanas:* Der Hauptzweck der ayurvedischen Stärkungs- und Verjüngungsmittel liegt darin, im Stoffwechsel Ojas maximal entstehen zu lassen (siehe Rasayanas).
- *Ernährung:* Natürlich gewachsene, naturbelassene, organisch angebaute Nahrungsmittel, vor allem Milch, Lassi, Ghee, frisches Obst und Gemüse, Getreide, Mungdhal, Rote-Linsendhal, Kichererbsen, Bockshornklee, Mandeln, Datteln, Rosinen u.a. sind eine gute Quelle von Ojas. Wichtig ist die richtige Zubereitung der Nahrung und wie, das heißt mit welcher Geisteshaltung, man sie isst (siehe allgemeine ayurvedische Essensregeln Seite 61).
- *Meditation:* Durch die regelmäßige Erfahrung innerer Stille, Transzendenz, wird Ojas auf der feinsten Ebene der Physiologie gebildet. Transzendentale

Was sind Marmas?

Meditation, die vedische Bewusstseinstechnologie, gilt daher als wichtigste Quelle für Ojas und gute Gesundheit.
- *Vedische Klangtherapien:* Das Hören von Rezitationen vedischer Texte, vor allem des 9. Mandalas (Soma-Mandala) des Rik-Veda und die vedische Musik, Gandharva-Veda, bildet unmittelbar Ojas und fördert so die Integration von Geist und Körper.
- *Achara Rasayana:* Die Rasayanas des Verhaltens, so die direkte Übersetzung dieses wichtigen Fachbegriffes, halten den Fluss von Ojas kontinuierlich aufrecht. Gemeint ist ein Verhalten im Einklang mit den Naturgesetzen und den natürlichen Regeln freundschaftlichen Zusammenlebens:
  – Respekt gegenüber älteren Personen und Lehrern
  – maßvoller Umgang mit den eigenen Ressourcen
  – Liebe und Mitgefühl, Freundlichkeit und menschliche Wärme
  – Wahrhaftigkeit
  – insgesamt ein tugendhaftes Leben

Ein Mangel an Ojas ist die feinstoffliche Ursache von Krankheit und kann sich daher in vielfältiger Weise, geistig wie körperlich, zeigen: Infektanfälligkeit, krankes Aussehen, Freudlosigkeit, fehlende Motivation, kranke Haut, kranke Organe, fehlerhaftes Handeln, mangelndes Glück im Leben und schließlich der Tod, wenn Agni erlischt und Ojas aus dem Körper entweicht.

Was sind Marmas?

Marmapunkte sind sensible Areale auf der Körperoberfläche, die weitgehend den Akupunkturpunkten der traditionellen chinesischen Medizin entsprechen. Sie gelten als Schaltstellen der energetischen Regulation des Organismus und sollten daher nicht verletzt werden. In der Sushruta-Samhita (siehe Seite 14) werden 108 Hauptmarmapunkte beschrieben. Es handelt sich dabei um die besonders wichtigen Marmapunkte, die eine Schlüsselfunktion in der Körper-Geist-Koordination einnehmen und bei einer Verletzung, zum Beispiel durch einen Operationsschnitt, zu Gesundheitsstörungen, im Kampf sogar zum Tode führen können. Über den gesamten Körper verteilt gibt es daneben noch zahlreiche weitere Marmas. Verschiedene Ayurveda-Schulen behandeln Krankheiten über diese Vitalpunkte, meist durch eine Massage, vergleichbar der Akupressur der chinesischen Medizin.

Fragen zu ayurvedischen Vorstellungen und Prinzipien

Was versteht man unter Pragya aparadh?

Der vedische Fachterminus für die geistige und letzte Ursache von Krankheit, Leid und Schwierigkeiten im Leben von Menschen heißt *Pragya aparadh*, was so viel wie „der Irrtum des Intellekts" bedeutet. Damit ist das Überschattetsein von den äußeren Eindrücken des Lebens gemeint, wenn wir den Bezug zu uns selbst, zur Ganzheit, zur Stimme des Herzens verloren haben. Der in Raum und Zeit begrenzte Verstand kann nie die unbegrenzte zeitlose Ganzheit des Lebens erfassen. Nur in unserer tiefsten und stillsten Seinsebene berühren wir die kosmische, alles verbindende Seinsebene und erfahren Ganzheit, aus der wir integriert und kosmisch denken, fühlen und handeln. Pragya aparadh, der vom Selbst abgekoppelte Verstand, trifft dagegen Entscheidungen und erzeugt Verhaltensweisen, die nicht mehr voll im Einklang mit den Naturgesetzen stehen. Daraus resultieren letztlich Krankheit, Leid und Naturzerstörung. Pragya aparadh gilt daher als die wirkliche Ursache aller Probleme im Leben von Menschen.

Wie kann Pragya apradh überwunden werden?

Die vedische Lehre gibt grundlegende Empfehlungen, wie Pragya aparadh überwunden und der Rückbezug zum eigenen Selbst wiederhergestellt oder erhalten werden kann und wie dadurch wieder ein gesundes und glückliches Leben möglich ist. Eine zentrale Rolle spielen dabei auch Techniken aus dem System des Yoga, vor allem Transzendentale Meditation, die überlieferte vedische Methode, die es erlaubt, täglich auf natürliche und mühelose Weise tief in das eigene Bewusstsein einzutauchen und in Einklang mit sich und der Natur des Lebens zu kommen. Aber auch alle anderen Heilansätze stellen den Kontakt zu unserem Innersten wieder her.

Welche Vorstellungen hat Ayurveda von den Geweben des Körpers?

Ayurveda unterscheidet sieben unterschiedliche Gewebearten, so genannte *Dhatus*, die energetisch miteinander verbunden sind und auseinander hervorgehen. Es sind elementare Strukturprinzipien, die auf der groben körperlichen

Welche Vorstellungen hat Ayurveda von den Geweben?

Ebene mit den in der Medizin bekannten Körpergeweben vergleichbar sind.
- **Rasa:** Erster Nährsaft, der aus der Verdauung von Nahrung entsteht. Es ist das Plasma, das als Nährmedium allen Zellen und Geweben zugrunde liegt. Rasa heißt auch Saft, Farbe, Geschmack. Rasa nährt und baut die weiteren Gewebe auf. Gutes Rasa ist daher die wichtigste Voraussetzung für gesunde Gewebe überhaupt. Wenn man sagt, „ein Mensch ist voller Saft und Kraft", dann meint man damit auch, dass er hervorragendes Rasa aus Nahrung gewinnt und dadurch seinen gesamten Körper optimal ernährt.
- **Rakta:** Blut. Aus Rasa entsteht als zweites Gewebe das Hämoglobin und die roten Blutkörperchen, das Sauerstoff zu den Zellen und Organen des Körpers bringt.
- **Mamsa:** Muskulatur. Alle Muskeln des Körpers, die ihm Kraft verleihen und die Bewegung ermöglicht.
- **Meda:** Fett, die Energiedepots des Körpers, auch das Material für die Herstellung von Zellbausteinen und fetthaltigen Molekülen, Hormonen.
- **Asthi:** Knochen, Knorpel und Stützgewebe. Bildet das anatomische Gerüst des Körpers.
- **Majja:** Knochenmark und Gehirn, beides von Knochen umhüllt. Knochenmark und Gehirn haben weitaus mehr gemeinsame Grundlagen, als dies auf den ersten Blick erscheint.
- **Shukra:** Keimzellgewebe, Fortpflanzungsorgane.

Diese Beschreibung der Dhatus ist relativ grob und trifft, wie gesagt, ihre Bedeutung nur auf der oberflächlichen, körperlichen Ebene. In Wahrheit sind die Dhatus aber grundlegende kosmologische Gestaltungsprinzipien, eine Art strukturgebende Matrix des Körpers, denen wiederum geistige Prinzipien und Qualitäten entsprechen. Auch Sonne, Mond und Sterne, die Planeten unseres Sonnensystems, werden den Körpergeweben, oder genauer gesagt, den Gewebe-Agnis, den verschiedenen Stoffwechselaktivitäten der Gewebe, zugeordnet.

Wir finden das ayurvedische Prinzip der Dhatus also in allen Struktureinheiten des menschlichen Organismus, auch zum Beispiel in einer Zelle:
- *Rasa*, Zellplasma mit Nährstoffen und Zellenzymen
- *Rakta*, Bereitstellung der chemischen Energie, Oxidation, Enzymkomplexe in der Atmungskette, Mitochondrien

Fragen zu ayurvedischen Vorstellungen und Prinzipien

- *Mamsa*, Myosine, Zellbewegungsmoleküle
- *Meda*, Fettmoleküle, Energiespeicher
- *Asthi*, Zellgerüst
- *Majja*, Zellkern, Botenstoffe, Kommunikationseinrichtungen
- *Shukra*, genetische Information

Die sieben Dhatus werden durch die sieben Dhatu-Agnis, Stoffwechselfeuer, in einander umgewandelt. Ein Dhatu geht also aus dem anderen hervor.

Für den ayurvedischen Arzt haben die Dhatus neben den Doshas und Subdoshas eine entscheidende Bedeutung in der Beurteilung der Art und Schwere einer Krankheit und der Mittel, die zu ihrer Heilung erforderlich sind. Ist zum Beispiel die Bildung von Rasa gestört, dann treten Störungen wie Ruhelosigkeit, Mattigkeit, Erschöpfung nach geringer Anstrengung, Benommenheit, Unzufriedenheit, auch ein Gefühl von fehlender Sättigung trotz Essens oder undefiniertes Verlangen nach bestimmten Speisen auf.

Ayurvedische Begriffe in der Übersicht

Ayurvedisches Prinzip		Geist-Körper-Funktion	Beispiele
Doshas *Körperlich-geistige Regelprinzipien*	**Vata**	Bewegung, Kommunikation; Transport *Kreativität, Wachheit, Ideengeber*	Sprechen, Denken, Gehen, Herzaktion, Atmung, Darmperistaltik, Stofftransport in den Zellen
	Pitta	Stoffwechsel, Wärmehaushalt *Temperament, Emotionalität, Zielgerichtetheit*	Verdauungsstoffwechsel, Temperaturregulation, Energiegewinnung in den Mitochondrien der Zelle; Körperbau und Anatomie, Flüssigkeiten des Körpers, Zellgerüst
	Kapha	Struktur, Form, materielle Grundlage des Körpers, Flüssigkeiten *Stabilität, Ausdauer, langfristige Orientierung*	

Ayurvedische Begriffe in der Übersicht

Ayurvedisches Prinzip		Geist-Körper-Funktion	Beispiele
Subdoshas *Körperlich-geistige Teilfunktionen der Doshas*	**Jeweils 5 Subdoshas für Vata, Pitta, Kapha**	Regeln die gesamte Physiologie und alle mentalen Funktionen	*Prana-Vata:* Denken, Wahrnehmen *Apana-Vata:* Ausscheidung, Loslassen *Pachaka-Pitta:* Verdauung im Magen und Dünndarm *Bhrajaka-Pitta:* Ausstrahlung, Durchblutung, Stoffwechsel der Haut *Bhodaka-Kapha:* Speichelsekretion, Geschmacksempfindung
Agni *Transformationsprinzip Lebensflamme, Verdauungsfeuer*	**1 Jathar-Agni** **5 Bhutagnis** **7 Dhatu-Agnis**	Hauptverdauungsfeuer Aufschlüsselung der Nahrungsbausteine Stoffwechsel der Körpergewebe	Wärmebildung, Vitale Lebensenergie, Vor- und Aufbereitung der Nahrung Zerlegung in feste, flüssige, warme, kalte, leichte, schwere Bestandteile, Bildung von Plasma, Blut, Muskel, Fett, Knochen, Knochenmark, Gehirn, Keimzellgewebe
Ojas *Feinstes Endprodukt vollständiger Verdauung und Transformation*		Hält Geist und Körper zusammen, feinstoffliche Grundlage für Immunität, Ausstrahlung, vollkommene Gesundheit, Glückssubstanz	Schützt Haut und Schleimhäute, sorgt für harmonische Funktionsweise von Geist und Körper, feiner Glanz auf der Haut, inneres Glück und Wohlbefinden
Srotas *Körperkanäle*		Alle Arten von Kanälen im gesamten Körper	Arterien, Venen, Lymphbahnen, Hohlorgane im Verdauungstrakt, Kanäle der Mikrozirkulation

Fragen zu ayurvedischen Vorstellungen und Prinzipien

Ayurvedisches Prinzip		Geist-Körper-Funktion	Beispiele
Ama *Alle Arten von Toxinen, vor allem solche, die durch unvollständige körperliche Verdauung oder geistige Verarbeitung entstehen*	**Ektotoxine** **Endotoxine** **Psychotoxine**	Blockiert die harmonische Funktionsweise des Organismus und die Körperkanäle, bildet den Nährboden für zahlreiche Krankheiten	Nikotin, Alkohol, schädliche Lebensmittelzusätze, Umweltgifte, schädliche Medikamente Verdauungs- und Stoffwechselnebenprodukte: Phenole, Indole, Fuselalkohole, Homocystein, Kadaverine, Putriszine, Spermidine, Übersäuerung, Ablagerungen in den Gefäßen, Ödeme u.a. Molekulare Botenstoffe heftiger oder anhaltender Emotionen wie Angst, Ärger, Hass, Neid, Wut etc.
Dhatus *Strukturprinzipien des Organismus, Körpergewebe*	**Rasa**	Erste Essenz von Nahrung, Plasma, nährt alle anderen Körpergewebe	Chylus, Blutplasma, Interzellularflüssigkeit, Zellplasma *Sorgt für ölige, weiche Haut, klare Ausstrahlung, Energie, Zufriedenheit und Glücklichsein*
	Rakta	Blut	Rote Blutkörperchen, Hämoglobin *Versorgt mit Sauerstoff, verleiht natürliche Stärke, gesunde, freundliche Ausstrahlung, gute funktionierende Sinnesorgane, ausgewogene Verdauung*
	Mamsa	Muskelgewebe	Alle Arten von Muskeln *Sorgt für Kraft, körperliche und geistige Stabilität, widerstandsfähige Haut*
	Meda	Fettgewebe	Alle Fettanteile des Körpers *Ölt den Organismus, liefert Grundsubstanz für Lipoproteine, Hormone, speichert Energie*

Ayurvedische Begriffe in der Übersicht

Ayurvedisches Prinzip		Geist-Körper-Funktion	Beispiele
	Asthi	Knochen, Knorpel, Stützgewebe	Alle Knochen, Bindegewebe, Knorpel, Zähne, Haare und Nägel (Nebenprodukte des Stoffwechsels von Asthi) *Grundlage des Körpergerüstes. Verleiht Ausdauer und Enthusiasmus*
	Majja	Knochenmark und Gehirn	Zellbildung im Knochenmark, Zentralnervensystem mit Rückenmark *Grundlage aller geistigen Funktionen, Intelligenz, Lernen, Gedächtnis; Zellbildung, Immunität*
	Shukra	Keimzellgewebe	Geschlechtsorgane, Spermum und Ovum, Menstruationszyklen, Pubertät, Wechseljahre *Quelle von Ojas, Fruchtbarkeit, Immunität, Ausstrahlung, Schönheit, künstlerisches Empfinden, Sexualität*

Fragen zu den ayurvedischen Therapien

„Es gibt nichts in der Welt, das unter geeigneten Bedingungen und Situationen nicht für Heilzwecke genutzt werden könnte."

Aus der Charaka-Samhita

Fragen zu den ayurvedischen Therapien

Welche Behandlungsmethoden gibt es?

Grundsätzlich gilt die Regel: Jede Behandlung, die natürlich und der Situation des Patienten und seiner Krankheit angemessen ist, kann als ayurvedisch bezeichnet werden. Ayurveda ist eine universelle Heilkunst, und ayurvedische Prinzipien wurden und werden überall auf der Welt und zu allen Zeiten in den Medizinsystemen der Welt angewendet, auch in der modernen Medizin und natürlich in den verschieden Naturheilsystemen. Im engeren Sinne gibt es jedoch typische Anwendungen und Therapien, dem die ayurvedische Betrachtung von Mensch, Natur und Kosmos zugrunde liegen. Im Verlauf der langen Geschichte, bedingt durch kulturelle, religiöse und politische Einflüsse, wurden jedoch wertvolle Therapien zum Teil verändert, vernachlässigt oder vergessen oder nur noch in einzelnen Familientraditionen überliefert und angewendet. Im Maharishi Ayurveda (siehe Seite 15) wurden jedoch zahlreiche Behandlungsarten neu belebt und wieder optimiert, sodass heute ein ganzes Arsenal ayurvedischer Therapien verfügbar ist:

- **Bewusstsein:** Vedische Meditationstechniken (Transzendentale Meditation, TM-Sidhi-Techniken).
- **Ansprechen der Sinne:** Aroma-, Farb-, Musiktherapie (Gandharva-Veda).
- Vedische Klangtherapien: Vedic Vibration Therapy, Hören und Rezitation vedischer Texte und Ur-Klänge, Belebung der vierzig Aspekte des Veda und der vedischen Literatur in der eigenen Physiologie.
- **Verhalten und Beachtung von Biorhythmen:** Dinucharya, Ritucharya (richtiges Verhalten zu den verschiedenen Tages- und Jahreszeiten).
- **Ernährung:** Ausgewogene, typgerechte, vollwertige Ernährung, Kunst der Zubereitung, des Würzens.
- **Heilkräuter und Rasayanas:** Traditionelle ayurvedische pflanzliche und mineralische Präparate zur Behandlung von Krankheiten und zur Erhaltung der Gesundheit.
- **Körperübungen:** Individuelle Fitnessprogramme, typgerechter Sport, Yoga-Asanas
- **Atemtherapie:** Verschiedene Formen von Pranayama, vedischer Atemtechniken.
- **Intellekt:** Einsicht in die mentalen Ursachen von Krankheiten, von Pragya aparadh.
- **Sprache:** Balance durch Muttersprache und Rezitation.

Welche körperlichen und geistigen Wirkungen hat die Methode?

- **Ayurvedische Pulsdiagnose:** Das Fühlen des Pulses für die Diagnose hat gleichzeitig einen harmonisierenden Effekt auf die Doshas.
- **Reinigung:** Verschiedene Reinigungstherapien, allen voran Panchakarma.
- **Vedische Vorhersagekunst:** Maharishi Jyotish, die vedische Astrologie, zeigt zeitbedingte Möglichkeiten, aber auch Grenzen an.
- **Vedische Baukunst und Landwirtschaft:** Aktuell werden auch gesundes Bauen und Städteplanung nach kosmischen Gesichtspunkten und die vedisch-organische Landwirtschaft aktiviert und eingesetzt, um die Wohnqualität zu optimieren, gesunde Nahrungsmittel zu erzeugen und auch im Ökosystem Gleichgewicht zu erzielen.

Was ist Transzendentale Meditation?

Transzendentale Meditation (TM) ist die authentische vedische Meditationstechnik, die von Maharishi Mahesh Yogi vor gut 50 Jahren im Westen eingeführt wurde. Die rein geistige Technik ist einfach auszuüben und leicht zu erlernen. Sie wird in der Regel zweimal täglich für 15 bis 20 Minuten bequem im Sitzen und mit geschlossenen Augen praktiziert. Die TM beruht auf natürlichen Prinzipien des Geistes und kann von jedermann – unabhängig von Glauben, Weltanschauung, Beruf oder meditativen Fähigkeiten – erlernt werden. Umfangreiche wissenschaftliche Untersuchungen zeigen positive Wirkungen dieser Meditation in allen Lebensbereichen: körperlich, geistig und sozial.

Welche körperlichen und geistigen Wirkungen hat die Methode?

Durch die tiefe Ruhe und Entspannung, die der Meditierende während der TM erfährt, kommt es zu einer tief greifenden Regeneration von Körper und Geist, mit vielfältigen messbaren Veränderungen:
- der Atem wird spontan ruhiger,
- der Hautwiderstand nimmt zu,
- die Muskulatur entspannt sich,
- Stresshormone nehmen ab,
- die Durchblutung von Gehirn und Gliedmaßen nimmt zu,

Fragen zu den ayurvedischen Therapien

- es kommt zu einer auffallenden Synchronisation und Kohärenz der Gehirnwellen als Ausdruck einer Optimierung der Gehirnfunktionen und zu weiteren physiologischen Veränderungen.

Bei welchen Beschwerden kann TM helfen?

Besonders bewährte Indikationen sind:
- Psychosomatische Krankheiten
- Asthma bronchiale
- Angina pectoris
- Schlafstörungen
- Infektanfälligkeit
- Hoher Blutdruck
- Angst- und andere Neurosen
- Kopfschmerz und Migräne
- Muskuläre Verspannungen und haltungsbedingte Wirbelsäulenbeschwerden
- Vorbeugung gegen Arteriosklerose und Tumorerkrankungen
- Schutz vor Stressfolgen und Hilfe, diese wirksam abzubauen

Wie kann man Transzendentale Meditation erlernen?

Die TM kann nur von ausgebildeten und autorisierten Lehrern der Methode erlernt werden. Die Lehrmethode ist weltweit einheitlich. Adressen von TM-Lehrern und Lehrinstituten siehe Anhang.

Wie wendet man Gandharva-Musik an?

Gandharva-Musik gehört zu den wirkungsvollsten Therapien des Maharishi Ayurveda. Von den berühmtesten Meistern dieser Musikkunst gibt es inzwischen zahlreiche Aufnahmen in bester Tonqualität, die bequem zu Hause gespielt werden können.

Dabei ist Folgendes zu beachten:

Wie wendet man Gandharva-Musik an?

- Die meisten *Ragas* (Kompositionen auf der Grundlage festgelegter Tonskalen) sind bestimmten Zeitphasen des Tages, den so genannten *Praharas*, oder einer Jahreszeit zugeordnet. Ein Morgenraga sollte deshalb nur morgens in seiner eigenen Zeit, das heißt zum Beispiel zwischen 4 und 7 Uhr, gespielt werden. Dies entspricht dem Klang der Natur um diese Zeit, der in Form der Biorhythmen auch in unserem Körper vorherrscht und dadurch in Einklang mit den Rhythmen und den stillen Gesetzen der Natur kommt, die auch unserem eigenen Körper zugrunde liegen.
- Die sanften Melodien von Gandharva-Veda führen den Geist nach innen und beruhigen ihn. Man sollte daher dieser Musik bewusst und entspannt zuhören. Wenn Sie gleichzeitig aktiv sind und dadurch Ihre Aufmerksamkeit nach außen richten, kann Anspannung und Gereiztheit entstehen.
- Da diese Musik sehr wirkungsvoll ist, reicht es, vor allem anfangs, sie täglich nur einige Minuten zu hören. Sie erzielen damit bereits eine Menge positiver physiologischer Veränderungen im Organismus, die manchmal und gerade anfangs erst „verdaut" werden müssen.
- Verwenden Sie möglichst ein hochwertiges Musikwiedergabegerät. Maharishi Gandharva-Veda Musik wirkt natürlich am besten live gespielt und gehört, was für die tägliche Selbstanwendung leider nicht möglich ist. Die Wiedergabe von einer CD oder Kassette ist aber ebenfalls sehr wirksam. Die Musikstücke wurden mit modernster Technik optimal aufgenommen, um eine bestmögliche Klangwiedergabe zu ermöglichen. Achten Sie daher auch auf hochqualitative Kopfhörer oder gute Lautsprecher und ein möglichst klanggetreues Stereosystem.
- Der Klang des Instrumentes oder die Singstimme sollten Ihnen gefallen. Bambusflöte oder Santur werden von westlichen Menschen in der Regel gleich als angenehm und vertraut empfunden, die Sitar oder der Gesang zunächst oft eher als fremdländisch oder ungewöhnlich erlebt. Das ändert sich nach aller Erfahrung in kurzer Zeit. Bereits nach zwei bis drei Tagen des Hörens gewinnen Instrument oder Gesang eine ganz andere Qualität. Wissenschaftliche Untersuchungen haben gezeigt, dass Gandharva-Veda-Musik selbst dann zu einer Harmonisierung der Gehirnaktivität führt, wenn sie zunächst nicht als angenehm empfunden wird.

Fragen zu den ayurvedischen Therapien

Welche Wirkungen sind von Gandharva-Musik zu erwarten?

Gandharva-Musik hat eine Reihe bemerkenswerter Heilwirkungen, die zum Teil auch wissenschaftlich belegt sind.
- Sie beruhigt und entspannt, nimmt Angst und lindert Schmerzen,
- schenkt inneren Frieden,
- synchronisiert und ordnet die Gehirnfunktionen, verbessert die Konzentration und das Gedächtnis,
- schenkt tiefen und erholsamen Schlaf,
- verbessert das Verdauungsfeuer,
- verbessert das Immunsystem,
- verbessert die emotionale Intelligenz,
- schafft Harmonie im Wohnbereich,
- stimuliert das Wachstum von Pflanzen,
- hat je nach Art des Raga und der Tageszeit spezifische Wirkungen auf Körper und Geist bei unterschiedlichen Krankheiten.

Die acht Praharas eines 24-Stunden-Tages

4–7 Uhr	16–19 Uhr
7–10 Uhr	19–22 Uhr
10–13 Uhr	22–1 Uhr
13–16 Uhr	1–4 Uhr

Fragen zur ayurvedischen Ernährungslehre

„Wer sich falsch ernährt, dem hilft keine Medizin. Und wer sich gesund ernährt, für den wird sie überflüssig."

Aus der Charaka-Samhita

Fragen zur ayurvedischen Ernährungslehre

Worin liegen die Besonderheiten der ayurvedischen Ernährungslehre?

Der Maharishi Ayurveda kann auf mehr als 7000 Jahre Erfahrung in gesunder Ernährung, Auswahl, Zubereitung und Wirkung von Nahrungsmitteln zurückgreifen. Besonders berücksichtigt werden:

- **Agni**, *die Qualität und Stärke des Verdauungsfeuers:* Die besten und gesündesten Nahrungsmittel werden im Körper zu Gift (Ama), wenn das Verdauungsfeuer zu schwach ist, sie zu verdauen.
- **Rasa**, *der Geschmack der Nahrung:* Jeder Geschmack beeinflusst die Doshas, hat eine geistige und körperliche Wirkung. Rasa charakterisiert den Saft, den Genuss, die Freude und Energie, die wir aus einem guten Essen gewinnen. Guter Rasa, guter Geschmack, ist gleichdeutend mit guter Lebenskraft von Nahrung. Es werden sechs Geschmacksrichtungen unterschieden:
süß: Grundnahrungsmittel, Getreide, süße Früchte, Zucker (vermehrt Kapha; weckt Glücksgefühle, stimmt zufrieden, sättigt, wirkt gewebeaufbauend, stimuliert die Insulinproduktion der Bauchspeicheldrüse)
sauer: saure Früchte, Essig, Sauermilchprodukte (vermehrt Pitta und Kapha; wirkt appetitanregend, stimuliert den Speichelfluss und die Verdauungssäfte)
salzig: Salz (vermehrt Pitta und Kapha; verbessert den Geschmack der Speisen, regt den Appetit an, bindet Wasser im Körper)
scharf: scharfe Gewürze, manche Salate und Gemüse (vermehrt Pitta; stimuliert das Verdauungsfeuer, regt den Stoffwechsel an, aktiviert die Fettverbrennung, desinfiziert, reguliert die Darmflora)
bitter: Brokkoli, Kohl, Endivie, Rukula, Chicorée (vermehrt Vata; stimuliert und reinigt Leber und Galle, stärkt das Immunsystem, reinigt den Organismus, wirkt antiallergisch)
herb, zusammenziehend: Rhabarber, Salbei, Hibiskus, trockener Rotwein, schwarzer und grüner Tee, Hülsenfrüchte (vermehrt Vata; beruhigt die Schleimhäute, reinigt den Organismus, wirkt gegen Entzündungen und übermäßiger Schleimproduktion, reguliert die Darmflora)
- **Guna**, *die physikalischen Eigenschaften der Nahrung:* schwer (vermehrt Kapha) oder leicht (vermehrt Vata), kalt (vermehrt Vata und Kapha) oder warm (vermehrt Pitta), trocken (vermehrt Vata) oder ölig (vermehrt Kapha)

Was sind die Besonderheiten der ayurvedischen Ernährungslehre?

- **Sattwa, Rajas** und **Tamas**, *seine „geistigen Eigenschaften":*
  Sattva-Nahrungsmittel unterstützen die spirituelle Entwicklung, erhalten Körper und Geist rein und gesund, schenken Energie und wecken feinere Lebenskräfte (biologisch angebaute, ehrlich erworbene Nahrung, vor allem Milch, Honig, Ghee, Mandeln, Gemüse, Obst, Mungbohnen)
  Rajas-Nahrungsmittel sind Stimulanzien (Kaffee, Alkohol, sehr scharf Gewürztes, Zwiebel, Knoblauch, allgemein künstlich anregendes Essen)
  Tamas-Nahrungsmittel sind schwer verdaulich, haben eine abstumpfende Wirkung auf Körper und Geist (zu viel Fleisch und Wurstwaren, alter Käse, künstliche Süßigkeiten, verdorbene Nahrung, aufgewärmtes oder mit chemischen Stoffen versetztes Essen)
- **Matra**, *die Menge und Kombination der Speisen:* Wenn man von gesundem Essen zu viel isst, wird es zu Ama. Bestimmte Nahrungsmittel werden unverträglich (Milch und Fisch oder Fleisch oder Gemüse), wenn sie kombiniert gegessen werden.
- **Doshas**, *die drei Regulatoren von Geist und Körper:* Durch ihren Geschmack, ihre physikalischen Eigenschaften, die Art der Zubereitung und die Menge von Speisen beeinflussen sie entscheidend die Doshas. Jeder Typ hat eigene Bedürfnisse nach Speisen, die seine Doshas nähren oder ausgleichen
  Vata-Nahrungsmittel (trocken, kalt, grob, ungekocht, bitter, herb) vermehren Vata, können daher Vata ins Ungleichgewicht bringen oder vorhandene Vata-Beschwerden vermehren (Blähungen, Abmagerung, Gelenkschmerzen, innere Unruhe, Schlafstörungen)
  Pitta-Nahrungsmittel (heiß, leicht, scharf, sauer, salzig) erhöhen Pitta und können Pittabeschwerden vermehren (Hitzeempfindungen, Brennen, Entzündungen, Wechseljahrbeschwerden, Hautausschläge)
  Kapha-Nahrungsmittel (kalt, schwer, süß, ölig, sauer, salzig) vermehren Kapha und können Kapha-Beschwerden verschlimmern (Gewichtszunahme, Müdigkeit, Wasseransammlungen, Depression)
- **Samskara**, *die Art der Zubereitung:* Ob kalt oder warm, gut gewürzt, ohne Gewürze oder versalzen, gekocht oder gedünstet, gebacken oder gegrillt, jede Zubereitungsart, auch die Person des Koches, der Ort der Zubereitung usw. haben eine bedeutende Wirkung auf Körper und Geist.
- **Avastha**, *die gesundheitliche Verfassung:* Kranke haben andere Bedürfnisse als Gesunde, Kinder andere als Erwachsene, ein Hochleistungssportler oder

Fragen zur ayurvedischen Ernährungslehre

Schwerarbeiter benötigt anderes Essen als ein Student oder eine schwangere Frau.
- **Sampat**, *die Qualität der Lebensmittel:* Ob biologisch angebaut, sonnengereift, naturbelassen, bestimmt die Qualität der Nahrung, ihren Gehalt an Vitalstoffen und nicht zuletzt auch ihren Geschmack (Rasa, siehe oben).
- **Vidhi**, *die Essensregeln:* Wie man isst, wann man isst, in welcher Gesellschaft, mit welchen Gedanken, all das hat entscheidenden Einfluss auf die Qualität der Verdauung und die Wirkung von Essen auf Körper und Geist.

Eine ayurvedische Ernährung ist immer individuell, nie dogmatisch. Änderung der Ernährungsgewohnheiten sollen allmählich erfolgen, extreme und einseitige Kostformen gelten als ungesund. Essen ist „Herzenssache", die Speisen müssen schmecken, sollten verdauungsfördernd gewürzt und in jeder Hinsicht bekömmlich zubereitet und in Ruhe und Genuss gegessen werden.

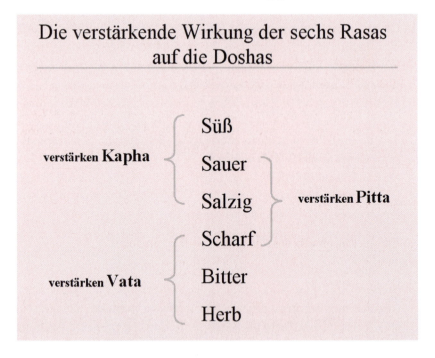

Wie unterscheidet sich ayurvedische Ernährung von anderen Ernährungsformen?

Das ayurvedische Ernährungskonzept enthält allgemeine und spezielle Essens- und Ernährungsregeln, die auf jahrtausendealter Erfahrung beruhen und nicht dem Zeitgeist oder einer flüchtigen Theorie unterliegen. Es berücksichtigt aber vor allem die Individualität des Menschen. Es gibt letztlich keine allgemein gültige Ernährung für alle, sondern nur eine auf den Einzelnen zugeschnittene Kostform, die Konstitution, körperliche und geistige Aktivität, Tages- und Jahreszeit, Lebensphase, Alter, Gesundsein oder Krankheit, Geschlecht, Biorhythmen usw. berücksichtigt. Alle diese Einflüsse sind nur durch das einfache Konzept der drei Doshas zu integrieren. Im Gegensatz zu vielen Ernährungslehren wird auf den Wohlgeschmack der Speisen, die Kunst des Würzens und der Zubereitung, die richtige Kombination der Speisen und vor allem auf die Kraft des Verdauungsfeuers großen Wert gelegt.

Welche Fehler beim Essen schwächen Agni, das Verdauungsfeuer, und lassen Ama, Verdauungstoxine, entstehen?

Sich gesund zu ernähren, bedeutet nicht nur, gesunde Nahrungsmittel zu sich zu nehmen. Wie, wann und wie viel wir essen, stärkt oder schwächt das Verdauungsfeuer und lässt Ama, Verdauungstoxine, entstehen. Das geschieht durch

- Überessen
- unregelmäßiges Essen
- unangemessenes Fasten
- essen, bevor die vorige Mahlzeit verdaut ist
- frühstücken, obwohl das Abendessen noch unverdaut ist
- zu schweres, zu kaltes, unverträgliches Essen
- verdorbenes Essen
- Nahrung, die nicht der Tageszeit, der Jahreszeit, dem Alter oder einem Ortswechsel angepasst ist
- zum Essen Kaltes- oder zu-viel-Trinken
- Unterdrückung von natürlichen Bedürfnissen, wie Darm- oder Blasenentleerung, Entweichen von Darmgasen, Husten, Niesen, Weinen etc.
- psychische Probleme

Fragen zur ayurvedischen Ernährungslehre

Warum soll man sich auf wenige Mahlzeiten am Tag beschränken?

Während die schulmedizinische Ernährungslehre empfiehlt, am Tag viele kleine Mahlzeiten mit viel Obst und Gemüse einzunehmen, wird im Ayurveda davon abgeraten. Es wird grundsätzlich empfohlen nur dann zu essen, wenn die vorherige Mahlzeit vollständig verdaut ist und sich natürlicher Hunger einstellt. Bei erwachsenen, durchschnittlich gesunden und aktiven Menschen ist dies nach etwa 3–6 Stunden der Fall. Das bedeutet also in der Regel, wie traditionell üblich drei Mahlzeiten (Frühstück, Mittag- und Abendessen) zu sich zu nehmen. Zwischenmahlzeiten werden oft nicht vollständig verdaut, was zur Bildung von Ama führt (siehe Ama Seite 59) und den Stoffwechsel belastet. Dies kann unter anderem zu Blähungen, Völlegefühl, Müdigkeit, Erkältungsanfälligkeit und Leistungsmangel führen. Etwas Obst oder ein kleiner Snack kann aber zwischendurch gegessen werden, wenn echter Hunger besteht oder als Pausenimbiss für Kinder.

Warum soll die Hauptmahlzeit des Tages mittags und nicht abends gegessen werden?

Das Verdauungsfeuer (Agni) hat, wie alle Körperfunktionen, einen natürlichen Biorhythmus, der sich auch am Lauf der Sonne orientiert. Morgens ist die Verdauungskraft in der Regel noch schwach, erst ab 10 Uhr vormittags kommt bei vielen Menschen der erste Hunger oder Appetit auf. Um die Mittagszeit – der Maximalzeit von Pitta (siehe Zeiten der Doshas) – ist das Verdauungsfeuer am stärksten, nimmt dann gegen Abend wieder ab. Abends treffen also gleich ungünstige Faktoren für ein üppiges Mahl zusammen: Im Biorhythmus fällt die Energie von Agni, der Körper ist außerdem schon etwas müde und später folgt die Stoffwechselruhe der Nacht im Schlaf. Durch ein zu schweres Abendessen wird die Erholung im Schlaf behindert, die Verdauungs- und Stoffwechselorgane werden belastet und es entstehen durch unvollständige Verdauung über Nacht Verdauungstoxine. Dadurch können typische Beschwerden auftreten:
- Ein- und Durchschlafstörungen
- Belegte Zunge, Mundgeruch

Warum soll die Hauptmahlzeit mittags gegessen werden?

- Verschleimung, Nasennebenhöhlen-Probleme
- Infektanfälligkeit
- Völlegefühl, Blähungen, Übersäuerung des Magens
- Gelenkschmerzen, Rückenschmerzen
- Müdigkeit, Leistungsmangel
- Depression, Gereiztheit, Antriebslosigkeit

Nach Umstellung der Ernährung im Sinne der ayurvedischen Essensregeln verschwinden viele dieser Beschwerden oft erstaunlich schnell, vor allem auch in Verbindung mit der Heißwasser-Trinkkur (siehe Seite 63).

Allgemeine Ayurvedische Essensregeln

1. Essen Sie immer in Ruhe, im Sitzen und genießen Sie die Speisen. Arbeiten, lesen oder sehen Sie nicht beim Essen fern.
2. Essen Sie nur dann, wenn die vorherige Mahlzeit vollständig verdaut wurde (in der Regel nach 3–6 Stunden). Vermeiden Sie also Snacks zwischendurch.
3. Die Hauptmahlzeit sollte mittags (nicht abends) sein.
4. Allgemein sollte das Essen ausgewogen sein, alle Nährstoffe und alle sechs Geschmackrichtungen enthalten (süß, sauer, salzig, scharf, bitter, herb).
5. Vermeiden sie abends tierisches Eiweiß, also Fleisch, Wurst, Käse, Fisch, Eier, Joghurt und Quark. Diese Nahrungsmittel sind schwer verdaulich und belasten im Schlaf Ihren Erholung suchenden Organismus. Günstige Abendspeisen sind Suppen, Breis, Gemüse, Reis, Nudelgerichte, Dhals, Milch (bildet eine Ausnahme unter den tierischen Nahrungsmitteln, falls Sie sie mögen und vertragen), Ghee (Seite 64), auch geringe Mengen an Butter, leichtes Brot, vegetarischer Aufstrich etc.
6. Erhitzen Sie Honig nicht über 40 Grad und verwenden Sie ihn nicht zum Kochen.
7. Vermeiden Sie eiskalte Nahrung und Getränke. Sie schwächen die Verdauungskraft. Bevorzugen Sie heißes Wasser, Tees oder Säfte.
8. Gönnen Sie sich ein paar Minuten ruhiges Sitzen nach dem Essen, bevor Sie sich wieder Ihrer Tätigkeit zuwenden.
9. Bereiten Sie Ihr Essen frisch und bekömmlich zu. Es sollte gut riechen und schmecken und alle Sinne erfreuen. Vermeiden Sie unverträgliche Speisenkombinationen wie Milch und Fisch oder Milch mit Obst, Gemüse oder Fleisch. Bevorzugen Sie Nahrung aus natürlichem Anbau.
10. Den besten Einfluss hat das Essen, wenn es von einem gut gelaunten, ausgeglichenen Koch in angenehmer Umgebung zubereitet wurde.

Fragen zur ayurvedischen Ernährungslehre

Muss man sich vegetarisch ernähren, wenn man sich ayurvedisch behandeln lässt?

Welche Kostform für die Gesundheit individuell am geeignetsten ist, muss immer der behandelnde Arzt beurteilen. Grundsätzlich ist es nicht notwendig, sich strikt vegetarisch zu ernähren, wenn man den ayurvedischen Ernährungs- oder Lebensregeln folgen möchte. Zwar gilt eine ausgewogene und vollwertige vegetarische Ernährung unter Einschluss von Hülsenfrüchten, Milch und Milchprodukten auch in der westlichen Medizin mittlerweile als vorteilhaft, man muss und sollte aber nicht von heute auf morgen alle Ernährungsgewohnheiten vollständig ändern. Eine wichtige Regel aber verbessert oft schon in kurzer Zeit das körperliche und geistige Wohlbefinden: Verzichten Sie abends grundsätzlich auf tierisches Eiweiß. Fleisch, Wurst, Käse, Fisch, Eier, Yoghurt sind schwer verdaulich und belasten das Verdauungssystem vor allem abends.

Im Ayurveda wird das Trinken von heißem Wasser zur Entschlackung empfohlen. Das Wasser muss mindestens 10 Minuten lang kochen. Reicht nicht einfach auch heißes Wasser aus der Leitung?

Durch das lange Kochen ändert sich die Qualität des Wassers. Machen Sie einen Versuch: Kochen Sie Wasser 1 Minute und trinken Sie einige Schlucke davon, prüfen Sie den Geschmack. Dann kochen Sie das Wasser mindestens 10 Minuten lang und testen seinen Geschmack erneut. Im ersten Fall schmeckt es etwas herb oder bitter, nach langem Kochen aber angenehm, weich und leicht süß. Durch langes Kochen lösen sich die Bindekräfte der Wassermoleküle, das Wasser wird „zellgängiger", kann besser in die Gewebe eindringen und reinigen. Auch Kalk setzt sich ab und flüchtige Substanzen, die wie Halogene verdampfen. Aus ayurvedischer Sicht wird das so gekochte Wasser gereinigt und energetisiert, es wird sozusagen mit Agni, Verdauungs- und Lebensfeuer, aufgeladen. Erst dadurch entfaltet die Heißwasser-Trinkkur ihre volle Wirksamkeit.

Kann man nicht Tett statt heißes Wasser trinken?

Ayurvedische Heißwasser-Trinkkur
Zubereitung: Einen guten halben Liter gutes Trinkwasser (stilles Mineralwasser oder Brunnenwasser) bei offenem Deckel 10–15 Minuten lang kochen, anschließend zwei bis drei Minuten stehen lassen, damit sich der gelöste Kalk und andere Schwebeteilchen absetzen; anschließend in einer Thermoskanne warm halten.
Anwendung: Etwa halbstündlich oder nach Bedarf auch öfter jeweils einige Schlucke trinken.
Wirkung: Regt die Wasserausscheidung an, ohne die Nieren zu belasten, fördert den Stuhlgang, verbessert die Verdauung, verringert oder beseitigt Blähungen, beruhigt die Nerven, reinigt den Organismus, verbessert die Geschmackswahrnehmung, unterstützt die Wirkung ayurvedischer Pflanzenmittel als so genanntes Anupana (siehe Frage Seite 84), dient als Transportmedium für deren Wirkstoffe.

Kann man nicht Tee statt heißes Wasser trinken?

Tee hat eigene und andere Wirkungen. Er enthält Wirksubstanzen der aufgekochten Kräuter, die den Stoffwechsel beeinflussen und auf die Organe wirken. Kräutertees können sehr heilkräftig sein und werden auch im Maharishi Ayurveda vielfältig eingesetzt, so zum Beispiel Vata-, Pitta- oder Kapha-Tee, welche die jeweiligen Doshas balancieren. Das heiße Wasser hat aber, wenn es vorschriftsmäßig zubereitet und getrunken wird, eigene Wirkungen, die durch Tees nicht erreicht werden. So hat heißes Wasser fast keinen Eigengeschmack (außer tendenziell süß), was zur Folge hat, dass der Geschmackssinn wieder geschult wird, feinere Qualitäten von Nahrung wahrzunehmen, ein Effekt, der von vielen Anwendern berichtet wird. Nach einigen Tagen der Heißwasser-Trinkkur schmecken die Speisen intensiver. Dies hat zur Folge, dass wir wieder besser spüren, was uns bekommt und was nicht. Das Trinken von heißem Wasser kommt einem milden Fasten gleich, ist eine Form der Enthaltsamkeit gegenüber den Stimulanzien des Gaumens und hat daher geistig und körperlich läuternde, reinigende und klärende Wirkungen.

Fragen zur ayurvedischen Ernährungslehre

Wie viel heißes Wasser soll man trinken und über welchen Zeitraum?

Als übliche Menge reicht ein halber Liter über den Tag verteilt. Bei großem Durst oder in Zeiten großer körperlicher und psychischer Belastungen oder bei ayurvedischen Entschlackungskuren kann man auch mehr davon trinken. Die Dauer einer solchen Trinkkur ist individuell und richtet sich nach dem Ausmaß einer Verschlackung oder der Art und Schwere einer Gesundheitsstörung. Bei einer akuten Erkältung wird man einige Tage heißes Wasser trinken, im Frühjahr und Herbst zur Entschlackung vielleicht eine oder zwei Wochen und bei tieferliegenden Gesundheitsstörungen einige Wochen bis Monate. Es spricht auch nichts dagegen, zum Beispiel am Arbeitsplatz, routinemäßig mehr oder minder häufig sich durch das Heißwasser fit zu halten.

Warum wird im Ayurveda bevorzugt Butterreinfett (Ghee) verwendet?

Butterschmalz gilt als Lebenselixier und Verjüngungsmittel. Es ist leichter verdaulich als Butter und andere Fette. Das im Ayurveda gebräuchliche Wort für Butterreinfett ist Ghee (sprich Ghie). Das Wort kommt aus dem Hindi. In Sanskrit, also der eigentlichen Sprache des Ayurveda, heißt zerlassene Butter dagegen Ghrita.

Ghee besteht im Gegensatz zu Pflanzenölen überwiegend aus den kurzkettigen, gesättigten Fettsäuren. Im Gegensatz zu Butter wird es nicht ranzig, oxidiert also nicht und bildet somit unter Luftsauerstoff und in Gegenwart von Sauerstoff in den Zellen keine Freien Radikale.

Wirkungen und Vorzüge

Richtig zubereitet und verwendet
- stärkt Ghee die Verdauungsorgane,
- macht die Speisen bekömmlicher,
- intensiviert ihren Geschmack,
  bewahrt auch deren Vitamin- und Vitalstoffgehalt.
- Ghee enthält selbst die Vitamine A, E, Niacin und die Mineralstoffe Natrium, CalCium, Phosphor, Magnesium und Eisen.

- Ghee wirkt entgiftend. Es kann fettlösliche Umwelt- und Körpergifte binden und ausleiten helfen.
- Ghee stärkt, innerlich genommen, auch äußerlich angewendet, die Sehkraft.
- Ghee ist darüber hinaus ein ideales Transportmedium für fettlösliche Vitamine, Mineralstoffe und Spurenelemente zur Aufnahme in den Körper.

Zubereitung

Ghee wird durch Auslassen von Butter hergestellt. Bei kleinster Flamme so lange köcheln lassen, bis keine Knackgeräusche mehr entstehen (also alles Wasser verdampft ist). Zwischendurch den gebildeten Eiweißschaum abschöpfen. Noch bevor die zerlassene Butter braun wird, vom Herd nehmen, durch ein Teesieb gießen und an einem kühlen Platz fest werden lassen und aufbewahren.

Wofür ist Lassi gut und wie wird es hergestellt?

Lassi ist die indische Bezeichnung (Hindi) für ein Getränk aus Joghurt und Wasser. Im Ayurveda (hier Takra genannt) gilt es als wertvolles Heilgetränk, das man am besten in kleinen Schlucken zum oder nach dem Mittagessen trinkt.

Lassi hat wertvolle Heilwirkungen. Es
- ist leicht verdaulich und hilft gegen Stuhlträgheit,
- fördert eine gesunde Darmflora, denn es enthält milchsäurevergärende Bakterien, die eine zentrale Rolle für das Immunsystem des Darmes spielen,
- reguliert die Doshas,
- versorgt den Körper mit Calcium, Eiweiß und B-Vitaminen, vor allem dem B_{12}, das nur von Bakterien synthetisiert wird und bei vegetarischer Ernährung sonst nur eingeschränkt zu erhalten ist.

Herstellung

Hochqualitativer Joghurt (rechtsdrehende Kulturen, ohne Zusätze, noch nicht flüssig, sondern fest wie gestöckelte Milch) wird mit kohlesäurefreiem Wasser im Verhältnis 2–8 : 1 verdünnt und mit einem Mixer oder Schneebesen verquirlt. Wurde der Yoghurt aus frischer und fetter Milch selbst hergestellt, kann beim Schlagen eine butterähnliche Schicht an der Oberfläche entstehen, die abgeschöpft wird.

Fragen zur ayurvedischen Ernährungslehre

Nach Belieben mit Kardamom, Salz, Zucker, Honig, Ahornsirup, Vanille, Zimt etc. würzen.

Hinweis:
Je verdünnter das Lassi ist, um so leichter verdaulich ist es und umso kühlender wirkt es, im Gegensatz zu unverdünntem Yoghurt, der auch erhitzende Eigenschaften besitzt und daher bei Entzündungskrankheiten (zum Beispiel Neurodermitis) vermieden werden sollte.

Was sagt Ayurveda zu Kaffee?

Bohnenkaffee gilt als ein stimulierendes Getränk, das Rajas, Vata und Pitta erhöht und dabei Kapha reduziert. Wer an Schweregefühl, Trägheit, Müdigkeit oder Verschleimung, also an einem Zuviel an Kapha leidet, dem verleiht der Kaffee den erwünschten und geschätzten neuen Schwung, allerdings nicht ohne – so die Auffassung des Ayurveda – Spuren von Rajas (siehe Seite 57) im Nervensystem zu hinterlassen, was sich zum Beispiel in psychischer Gereiztheit oder Empfindlichkeiten im Magen-Darmtrakt äußern kann.

Für bestimmte Zwecke, zum Beispiel als Anupana (siehe Seite 84) bei ayurvedischen Asthmapräparaten, wird Kaffee sogar als heilungsunterstützend betrachtet. Im Allgemeinen aber wird Kaffee im Ayurveda wenig geschätzt, da er die Doshas aus dem Gleichgewicht bringt und künstlich eine erhöhte Leistungsfähigkeit vortäuscht, die den wirklichen Ressourcen des Körpers nicht entspricht und daher auf Dauer Alterungsprozesse fördert. Vor allem wer an einem Ungleichgewicht von Vata leidet (siehe Seite 25) oder an einer Pitta-Störung, sollte den Konsum einschränken oder meiden.

Entkoffeinierter Kaffee belastet zwar weitaus weniger das Vata-Dosha, kann aber, wie wissenschaftliche Beobachtungen zeigen, zu rheumatischen Beschwerden führen (vermutlich aufgrund von Begleitstoffen, die beim Entkoffeinieren entstehen oder beigefügt werden).

Warum darf man laut Ayurveda Honig nicht erhitzen?

In den überlieferten Texten des Ayurveda wird eindringlich davor gewarnt, Honig zu erhitzen. Er sollte weder zum Kochen und Backen noch in heißen Flüssigkeiten (Tee) verwendet werden. Sein Geschmack ändert sich beim Erhitzen, er schmeckt dann bitter.

Laut Charaka (siehe Seite 13) erzeugt der Genuss erhitzten Honigs ausgesprochen krank machendes Ama (Toxine), das nur sehr schwer wieder aus dem Körper zu entfernen sei. Diese Aussage steht im krassen Gegensatz zur Auffassung moderner Ernährungslehren, die im Rahmen der Vollwertküche propagieren, Honig statt Zucker zum Backen zu verwenden. Über 40 Grad erhitzter Honig verliert aber bekanntlich nicht nur an Nährwert, sondern enthält tatsächlich potentiell gesundheitsschädliche Stoffe. Wenn Honig erhitzt und gebräunt wird, findet die so genannte Maillard-Reaktion statt, eine chemische Umwandlung der verschiedenen Zuckerarten des Honigs. Einige Produkte der Maillard-Reaktion werden verdächtigt, mutagene, also krebserzeugende Wirkungen zu haben. Eines davon ist das 5-Hydroxymethylfurfural, ein Aldehyd. Seine erlaubte Höchstgrenze wird in den meisten Richtlinien, zum Beispiel in denen der US-Gesundheitsbehörden oder des Deutschen Imkerverbandes, mit 40 mg/kg Honig angegeben. Der Gehalt an 5-Hydroxymethylfurfural in Honig steigt beim Erhitzen rapide an, umso mehr, je länger die Hitzeeinwirkung dauert. Beim Backen eines Kuchens, dessen Teig mit Honig gesüßt wurde, werden die gesundheitlich tolerablen Werte vermutlich weit überschritten. Übrigens: Schon durch Lagerung bei 20 Grad steigt der Wert um 1 mg/kg pro Monat. Da wir nicht ausschließen können, dass beim Erhitzen auch noch andere potentiell giftige Stoffe entstehen, die heute noch nicht bekannt sind, lautet die Empfehlung des Maharishi Ayurveda, Honig, der ja sehr gesund ist, naturbelassen zu genießen und ihn nicht zum Süßen von Tees oder zum Kochen und Backen zu verwenden.

Fragen zu Panchakarma

„Zu einer erfolgreichen Behandlung gehören vier Beteiligte: Der Arzt, das Heilmittel, der Pfleger und der Kranke."

Caraka 1.9.3

Fragen zu Panchakarma

Was ist Panchakarma und was bewirkt diese Therapie?

Panchakarma heißt wörtlich „fünffache Therapie". Gemeint ist ein Zyklus aufeinander abgestimmter Anwendungen, die Körper und Geist grundlegend regenerieren und Schlackenstoffe ausleiten. Die fünf ausleitenden Behandlungsarten sind

- **Vomana:** Erbrechen
- **Virechana:** Abführen
- **Niruha-Basti:** nicht-öliger Einlauf, reinigende und Gift ausleitende Klistiere
- **Anuvasana-Basti:** öliger Einlauf
- **Nasya:** reinigende Kopfbehandlung

Auf Vomana, dem Erbrechen, wird in westlichen Therapiezentren meist verzichtet, da es nicht nur unangenehm, sondern für den Organismus auch sehr belastend ist und in der Regel durch andere Maßnahmen ersetzt werden kann.

Die verschiedenen, meist in Werbebroschüren in den Mittelpunkt gestellten ayurvedischen Ölanwendungen, Massagen, Kräuterdampfbäder, Blütenbäder usw. sind also nur notwendige (wenngleich äußerst angenehme) Begleittherapien, die das Ausleiten und Reinigen vorbereiten und unterstützen. Für sich alleine sind sie nicht Panchakarma, wie häufig und irrtümlich angenommen.

Worauf ist bei einer Panchakarma-Behandlung zu achten?

Eine Panchakarma-Kur ist eine eingreifende, wenngleich in der Regel äußerst wohltuende und angenehme medizinische Maßnahme, die nur unter Aufsicht und in Verantwortung eines speziell ausgebildeten Arztes oder Heilpraktikers durchgeführt werden sollte. Vielerorts werden nur Teilaspekte des Panchakarma (Massagen, Stirnguss, Dampfbäder) angeboten und praktiziert. Wenngleich diese Anwendungen das Wohlbefinden steigern, so erfüllen sie doch nicht den hohen Anspruch und die weitergehende Absicht dieser ayurvedischen Therapieform. Für das Gelingen der Therapie, vor allem bei ernsthaften Krankheiten oder stärkerer Toxinanreicherung im Körper, sind Virechana und vor allem auch die Bastis entscheidend.

Warum ist die richtige Abfolge der Therapieschritte wichtig?

Über den Ablauf von Panchakarma gab und gibt es in Indien und Sri Lanka zum Teil sehr divergierende Auffassungen. Die hohen Ansprüche, die an diese Therapie traditionell gestellt wird, werden vielerorts bei weitem nicht erreicht. Experten des Maharishi Ayurveda haben daher bereits in den achtziger Jahren des letzten Jahrhunderts intensiv über mehrere Jahre daran gearbeitet, das gesamte Konzept des Panchakarma neu zu ordnen und therapeutisch zu perfektionieren. Das bedeutet zum Beispiel, dass die Massagen wieder vollkommen synchron einstudiert und in Stille, in der richtigen Abfolge der einzelnen Striche, durchgeführt werden mussten. Auf einer sehr subtilen Ebene der menschlichen Physiologie ist es nicht belanglos, ob ein Strich linksherum oder rechtsherum geführt wird, ob die Massage bei den Füßen oder am Kopf beginnt, welcher Druck ausgeübt wird, ob ruhig und sanft oder kräftig und belebend massiert wird. Auch müssen individuell die richtigen Öle verwendet werden.

Es braucht Ruheräume und materialintensive Wärme- und Dampfanwendungen mit entsprechendem Öl- und Feuchtigkeitsschutz der Böden und der Räume.

Auch die Abfolge der einzelnen Therapieschritte, die geeignete Ernährung vor, während und nach der Therapie, das richtige Einnehmen von Ghee, die Art, Reihenfolge und Zusammensetzung der Bastis (Einläufe) galt es festzulegen. Schließlich musste die Hygiene westlichen Standards entsprechen und Vor- und Nachbehandlung stimmen, das Equipment angepasst und die Therapien vor allem wieder sanft und schonend und von optimaler Wirkung sein. Daran hat ein ganzes Team ayurvedischer und westlicher Ärzte, Panchakarma-Experten und Ayurveda-Therapeuten mitgewirkt. Diese Form des Panchakarma, die erstmals von den Maharishi Ayurvedakliniken eingeführt wurde, hat die Öffentlichkeit im Westen fasziniert und zu einer enormen, bis heute anhaltenden Medienresonanz vor allem in Deutschland und Europa geführt.

Insgesamt arbeiten die unter dem Begriff Maharishi Ayurveda im Franchise-System firmierenden Kliniken und Gesundheitszentren vorbildlich und halten aufgrund eigener Ausbildung von Ärzten und Therapeuten einen gleichbleibend hohen Standard.

Fragen zu Panchakarma

Wie ist der Ablauf einer typischen Kur?

Eine vollständige Panchakarma-Kur besteht aus Vorbereitung, Hauptkur und Nachkur.

Die Vorbereitung

Je nach Stärke des Verdauungsfeuers und dem Grad der Ansammlung von Ama (siehe Seite 59) wird für einige Tage ein so genanntes Agni diepana (Entfachen von Agni, Verdauungsfeuer) und Ama pachana (Verbrennen von Ama) durch leichte Kost, heißes Wasser, Pachanas (Gewürzzubereitungen), ayurvedische Kräuterpräparate usw. angestrebt. Der behandelnde Arzt untersucht und befragt bei der Vorbereitung der Kur den Patienten hinsichtlich dieser Funktionen.

Im Anschluss daran nimmt der Patient eine ansteigende Dosis eines Nahrungsfettes (zum Beispiel Ghee oder Pflanzenöl) ein, vermeidet in dieser Zeit Fett im Essen.

Es folgt eine Ganzkörper-Ölmassage, die der Patient in der Klinik erhält oder an sich selbst durchführt, gefolgt von einer Dampf- oder Wärmeanwendung.

Danach folgt Virechana, das Abführen mit einem Laxans (oft Rizinus), gefolgt von vorsichtigem Kostaufbau über einen bis mehrere Tage. So vorbereitet beginnt erst dann die Hauptkur.

Die Hauptkur

Nur von besonders geschultem Personal, nach ärztlicher Verordnung individuell abgestimmt, werden in korrekter, aufeinander abgestimmter Folge die Panchakarma-Anwendungen durchgeführt: Abhyangas (Ölmassagen), Swedanas (Dampfanwendungen), Shirodhara (Stirnguss), Pizhichilli (Ganzkörperölguss mit Massage), Bastis (Einläufe) usw.

Während der Kur muss unbedingt eine spezielle Schonkost ohne tierisches Eiweiß eingehalten werden.

Die Behandlungen dauern hierzulande zwischen einigen Tagen bis zwei Wochen. In Indien werden bis zu sechswöchige Therapiezyklen durchgeführt, die den westlichen Patienten häufig überfordern und überlasten.

Was ist von Panchakarma-Kuren in Indien und Sri Lanka zu halten?

Die Nachkur

Im Anschluss an die Hauptkur ist für einige Zeit (eine Woche bis Monate) eine bestimmte, individuell abgestimmte Diät einzuhalten und sind unter Umständen ayurvedische Präparate einzunehmen.

Wann ist eine Panchakarma-Kur zu empfehlen?

Panchakarma wird für Gesunde zur Vorbeugung und für Kranke zur Heilung empfohlen. Ein Behandlungszyklus von ein bis zwei Wochen Hauptkur pro Jahr ist ideal und kann jedem empfohlen werden. Für Schwerkranke gelten individuell abweichende Richtlinien.

Indikationen (Beispiele)

- Chronische Magen-Darmkrankheiten (u.a. Morbus Crohn, Colitis ulcerosa)
- Chronische Rheumatismen (Arthrose, entzündliches Rheuma, Sklerodermie, Lupus erythematodes u.a.)
- Stoffwechselkrankheiten (Übergewicht, Diabetes, Gicht, erhöhtes Cholesterin)
- Hoher Blutdruck
- Chronische Erkrankungen des Nervensystems (Multiple Sklerose, Schlaganfallfolgen)
- Psychosomatische Leiden (u.a. Schlafstörungen, nervöse Störungen)
- Kopfschmerz und Migräne
- Hautkrankheiten (z.B. Psoriasis)

Was ist von Panchakarma-Kuren in Indien oder Sri Lanka zu halten?

Panchakarma wurde und wird heute noch in Indien und Sri Lanka in unterschiedlichster Qualität und nach zum Teil sehr divergierenden Auffassungen angewendet. Behandlungszentren, vor allem in Südindien, sind oft spezialisiert auf bestimmte Krankheitsbilder und haben vor allem Erfahrung in der Therapie der heimischen Bevölkerung, die relativ bedürfnisarm an heißes Klima,

Fragen zu Panchakarma

scharfes Essen und intensive Anwendungen angepasst ist. Für westliche Patienten oder Touristen sind diese Behandlungen häufig sehr belastend, nicht immer sind die hygienischen Verhältnisse einwandfrei oder werden die verabreichten Medikamente vertragen.

Dennoch werden aus guten Kliniken immer wieder überzeugende Behandlungserfolge berichtet.

In Sri Lanka wiederum haben sich viele Hotels in den letzten Jahren der stark gewachsenen Nachfrage nach Ayurveda-Therapien angepasst und entsprechende Abteilungen eröffnet. Komfort und Ambiente haben sich westliche Standards zum Vorbild genommen und den Bedürfnissen des Tourismus Rechnung getragen. Exotische Landschaft, angenehme Behandlungen, Yoga-Seminare und Ausflugsfahrten haben einen hohen Erholungswert. Einzelne Kapazitäten des Ayurveda erzielen gute Behandlungserfolge. Die Nachfrage nach ausgebildeten Ärzten auf dem Spezialgebiet des Panchakarma ist jedoch zu rasch gewachsen. Die wenigsten Ärzte sind für diese sehr eingreifende Therapie wirklich ausreichend ausgebildet. Behandlungen werden daher nicht immer sachgemäß durchgeführt. Auch die Ernährung entspricht in der Regel nicht den Richtlinien einer korrekten Panchakarma-Abfolge. Immer wieder klagen daher Sri Lanka-Touristen nach einer Panchakarma-Behandlung über Gesundheitsprobleme, häufig lokalisiert im Magen-Darmtrakt.

In der Regel sind die in Deutschland von guten Häusern angebotenen Panchakarma-Kuren medizinisch wirksamer. Sie werden perfektioniert und hygienisch einwandfrei durchgeführt, wobei auch ein Vorteil ist, dass die heimischen Ärzte mit der Reaktion der mitteleuropäischen Bevölkerung auf Medikamente und Anwendungen besser vertraut sind und so die Behandlungen angepasst wurden.

Wie erkenne ich, ob eine Ganzkörper-Ölmassage (Abhyanga) richtig gemacht wurde?

Hotels und Wellness-Einrichtungen haben Ayurveda entdeckt und bieten in zunehmendem Maße ayurvedische Behandlungen an. Dagegen ist zunächst nichts einzuwenden, vorausgesetzt, die Behandlungen werden wirklich korrekt und professionell durchgeführt. Das ist aber nur selten der Fall! Die Erfahrung zeigt: Unter dem Begriff „Ayurvedamassage" werden die buntesten und

Wie erkenne ich, ob ein Abhyanga richtig gemacht wurde?

skurrilsten Massagen angepriesen, leider nicht nur in Deutschland oder Europa, sondern erstaunlicherweise sogar in Indien und Sri Lanka. Oft wird von Dorf zu Dorf und von Ausbildungsstätte zu Ausbildungsstätte zum Teil völlig unterschiedlich massiert. Wenn ein Therapeut also eine Ausbildung in Indien hatte – was oft stolz hervorgehoben wird –, dann ist das keine Gewähr dafür, dass er seine Behandlungen richtig, das heißt im Sinne des ursprünglichen Weltbildes und Bewusstseins des Ayurveda, durchführt.

Wie bereits beim Thema „Panchakarma" (siehe Seite 69 ff.) erläutert, dauerte es Jahre, die Behandlungen zu überarbeiten und zu perfektionieren, das betraf auch und vor allem die Massagetechniken, für die Standards erstellt wurden. Denn nur bei korrekter Durchführung eines Abhyangas stellen sich die vollen Wirkungen, auch auf feineren Ebenen des Bewusstseins, ein und der so Behandelte transzendiert und erfreut sich während und nach der Behandlung an Samhita, das heißt an innerer Einheit und Ganzheit und vollkommener Harmonie der Doshas mit allen positiven Folgen für Regeneration und wachsende Gesundheit.

Sie erkennen ein korrekt durchgeführtes Abhyanga an folgenden Merkmalen:

- Die Massage wird von zwei Therapeuten absolut synchron durchgeführt.
- Männer behandeln ausschließlich Männer, Frauen ausschließlich Frauen.
- Während der Behandlung herrscht vollkommene Stille. Es wird keine Musik, auch keine Entspannungsmusik oder Gandharva-Musik gespielt. Die Therapeuten unterhalten sich nicht.
- Die Therapeuten müssen Nichtraucher sein, sollten gesund aussehen, ein gesundes Leben führen und meditieren.
- Der Massageraum muss wohl temperiert sein, die Massageöle angewärmt und individuell, entsprechend dem Dosha des Patienten, gewählt werden.
- Die Massage beginnt am Kopf und endet immer an den Füßen. Die genaue, detaillierte Durchführung kann hier natürlich nicht beschrieben werden. Grundsätzlich gilt aber: Ein Abhyanga ist niemals eine Druckpunktmassage wie etwa Shiatsu, hat auch nichts zu tun mit klassischen Muskel- oder Bindegewebsmassagen, soll nicht vermischt werden mit anderen Techniken, etwa Aroma- oder Meridianmassage. An den Gelenken werden kreisende Bewegungen in der vorgeschriebenen Kreisrichtung und Anzahl der Striche, an den Langteilen des Körpers Längsstriche durchgeführt.
- Die Dauer der Massage und die Geschwindigkeit und Intensität der Striche richten sich nach dem Dosha des Patienten. Im Mittel dauert ein Abhayanga

Fragen zu Panchakarma

etwa eine Stunde. Vata-Personen werden sehr sanft und ruhig und länger massiert als Pitta- und Kapha-Personen.
- Der Behandlungstisch muss für den Patienten bequem sein, er muss sich völlig entspannen können. In Indien werden meist harte Holztische verwendet, an die die heimische, hier sehr anspruchslose und unempfindliche Bevölkerung gewöhnt ist. Hierzulande sind weiche, ölunempfindliche Schaumstoffauflagen erforderlich.
- Nach der Behandlung muss der Patient nachruhen, um die in Gang gesetzten Heilreaktionen zur Wirkung kommen zu lassen.
- Nach einem Abhyanga muss eine Wärmeanwendung folgen, um die Poren zu öffnen und die in Gang gesetzte Reinigung und Entgiftung auch über die Haut zum Abschluss zu bringen. Während Panchakarma folgt hier zum Beispiel ein Kräuterdampfbad. Auch ein warmes Bad oder eine warme Dusche erfüllen diesen Zweck.

Welche Wirkungen hat ein Abhyanga?

Richtig durchgeführt hat die Ganzkörper-Synchronmassage wertvolle Heilwirkungen.
- Sie regt den Kreislauf an,
- aktiviert die Funktionen innerer Organe über Reflexzonen in der Haut (Headsche Zonen),
- aktiviert den Stoffwechsel und die Ausscheidungsfunktionen der Haut,
- reinigt und pflegt sie,
- wirkt verjüngend,
- setzt Neurotransmitter und Hormone aus der Haut frei,
- stärkt das zentrale Nervensystem,
- kräftigt die Muskulatur,
- stärkt die Verdauungskraft,
- beugt Krankheiten vor,
- belebt den ganzen Körper.
- Nicht zuletzt ist die ayurvedische Abhyanga eine wunderbare Seelenmassage: Die Haut ist das am intensivsten innervierte Organ und das Endorgan des Nervensystems. Gefühle projizieren sich bekanntlich in die Haut und werden hier durch die sanften Massagestriche erreicht und besänftigt.

Welche weiteren Massageformen gibt es?

Von einem klassischen Abhyanga müssen die diversen Teilanwendungen und andere Massagetechniken unterschieden werden. Die Teilmassagen werden in der Regel von nur einem Therapeuten durchgeführt und sind nicht synchron.

- ***Vishesh***: ayurvedische Tiefenmassage. Im Gegensatz zum Abhyanga wird diese Massage kräftig, die tieferen Weichteilschichten einschließend, ebenfalls synchron, durchgeführt. Vishesh ist besonders für Kapha-Typen oder muskulöse Menschen geeignet und ist körperlich und psychisch belebend, aktiviert den Stoffwechsel und fördert die Durchblutung von Gelenken, Sehnen und Muskeln.
- ***Udvarthana:*** ayurvedische Reibe-Breimassage, ebenfalls synchron durchgeführt. Sie wird „gegen den Strich", das heißt partiell immer von der Peripherie in Richtung Körperstamm durchgeführt und beseitigt Ama, Schlackenstoffe und Toxine, die sich in der Haut und den Weichteilen angesammelt haben. Udvarthana hat, wegen der Verwendung eines Öl-Getreidebreis als Massagemedium, einen deutlichen Peelingeffekt.
- ***Pizhichill:*** ayurvedische Ganzkörper-Synchronmassage unter fließendem, körperwarmem Öl. Diese Anwendung gilt als Königstherapie, ist außerordentlich wohltuend, aber auch äußerst aufwendig und daher eine der teuersten Anwendungen. Ihre Wirkungen sind vergleichbar mit denen des Abhyanga, die Durchwärmung des Körpers ist jedoch weit intensiver und Störungen und Belastungen des Nervensystems werden noch besser ausgeglichen.
- ***Pindasweda:*** ist genau genommen eine Wärmeanwendung, jedoch kombiniert mit einer Reibemassage mit in Leinensäcken gefüllten Getreideabkochungen. Sie wird von vier (!) Therapeuten gleichzeitig durchgeführt und ist vor allem indiziert bei Lähmungen, zum Beispiel nach Schlaganfall.
- ***Padabhyanga:*** ayurvedische Fußmassage (keine Fußreflexzonenmassage). Sie beruhigt die Nerven und fördert den Schlaf, stärkt das zentrale Nervensystem, regt die Funktion innerer Organe über Reflexzonen an, stärkt die Verdauungskraft, stärkt die Sehkraft, erfrischt und belebt müde Füße, weicht Verhornungen auf und hält die Füße geschmeidig und gelenkig.
- ***Shiroabhyanga***: ayurvedische Kopfmassage. Sie kräftigt den Haarboden und nährt Haarwurzel und Haare, regt das Haarwachstum an, weicht Kopfschuppen auf und löst sie beim Waschen ab, beruhigt den Geist, stärkt die Nerven und fördert tiefen Schlaf und allgemein das Wohlbefinden.

Fragen zu den ayurvedischen Heilkräuterpräparaten

„Was Nektar für die Götter und
Ambrosia für die Schlangen,
das war die Rasayana-Therapie
für die großen Weisen in alten Zeiten.
Jene Personen, die sich einer Rasayana-Behandlung unterzogen,
lebten Tausende von Jahren, unberührt von Alter,
Schwäche, Krankheit oder Tod."

Charaka-Samhita, Chik. I, 78-80

Fragen zu den ayurvedischen Heilkräuterpräparaten

Was ist das Besondere an den ayurvedischen Heilpflanzenpräparaten?

Der Ayurveda verfügt über ein umfangreiches Wissen über die Kräuter und Mineralien des Landes, die zur Gesunderhaltung und zur Heilung von Krankheiten verwendet werden können. In einem fünfbändigen Werk sind über 500 ayurvedische Pflanzen detailliert beschrieben, zu allen gibt es einen Textauszug aus alten Sanskritschriften sowie praktische Erfahrungen ihrer Wirkungen und Anwendungsmöglichkeiten. Das Besondere an der ayurvedischen Kräuterheilkunde ist ihr großartiges Know-how: wann man sie am besten sammelt oder erntet, durch welche Verarbeitungsprozesse die maximale Heilkraft freigelegt werden kann und in welcher Kombination die Kräuter und Mineralien ihre optimale Wirkung entfalten und sich ergänzen und gegenseitig potenzieren.

Ayurvedische Präparate enthalten, wenn sie vorschriftsmäßig hergestellt werden, die ganze Pflanze und damit alle von der Natur gegebenen Bestandteile, die sich gegenseitig ergänzen und ausgleichen – also die gesamte „Intelligenz" der Pflanze. Im Gegensatz dazu extrahiert die westliche Medizin die Einzelwirkstoffe, nimmt sie aus dem Gesamtzusammenhang heraus und akzeptiert Nebenwirkungen. Gute ayurvedische Pflanzenpräparate bestehen sogar meist nicht nur aus einer einzigen Heilpflanze – bis auf wenige Ausnahmen –, sondern aus einer Kombination von Kräutern und Mineralien, die sich sinnvoll ergänzen und in ihren Wirkungen unterstützen.

Welche Arzneiformen gibt es und was ist vor der Einnahme zu beachten?

Es gibt grundsätzlich die folgenden Arzneizubereitungen:
- **Swarasam** (Swa = das Selbst, die Seele, Rasa = Saft, Geschmack, Essenz): frischer Pflanzensaft; hierzulande nur von heimischen Pflanzen (Reformhaus oder eigene Pressung) zu erhalten.
- **Churna:** Pulver; pulverisierte, getrocknete Pflanzen. Sie werden durch Trocknung konserviert. Einnahme mit Flüssigkeiten.
- **Gullikas:** Pillen; enthalten nicht nur pulverisierte, sondern auch frische Pflanzenextrakte, Abkochungen, Milch, Rosenwasser, Ingwersaft usw. Sie müssen vor der Einnahme zermahlen werden, da sie in der Regel sehr hart sind.

Wie werden die Heilpflanzen gesammelt und verarbeitet?

- **Gutis:** Tabletten; gepresst aus Pflanzenextrakten und Mineralien, enthalten bei guten Herstellern keine Beistoffe. Einnahme bequem, oft zusammen mit einem Anupana (siehe Seite 84).
- **Kashaya:** Abkochung; wird entweder fertig in Flaschen abgefüllt oder muss aus getrocknetem Kraut selbst zubereitet werden. In der Regel gilt: Herunterkochen auf ein Viertel der Ausgangsmenge Wasser, also zum Beispiel von 200 ml auf 50 ml.
- **Grhita:** Heilkräuterghee: Wird oft zusammen mit Milch zur Einnahme empfohlen, Geschmack gelegentlich gewöhnungsbedürftig.
- **Asava, Arishtha:** fermentierte Pflanzenprodukte; enthalten selbstgenerierten Alkohol, außerdem Honig, Zucker oder Jaggery (Rohzuckerprodukt). Sind nicht geeignet bei Übersäuerung des Magens, Refluxkrankheit, Magen-Darmgeschwüren und Diabetes.
- **Avaleha**: Pflanzliche Paste mit Zucker, Jaggery oder Honig zubereitet. Nicht geeignet für Diabetiker.

Wie werden die Heilpflanzen gesammelt und verarbeitet?

Die Heilpflanzen werden entweder, soweit das möglich ist, in Plantagen angebaut und zu den geeigneten Zeiten geerntet oder von professionellen Sammlern aus freier Natur geholt. Anschließend werden sie in der Fabrik zerhackt und zerkleinert oder in die einzelnen Pflanzenteile wie Blüten, Blätter, Stängel, Wurzeln verlesen. Vor der Weiterverarbeitung werden diese Rohprodukte dann getrocknet oder eingeweicht und zwischengelagert.

Je nach Pflanzen- und Arzneiart folgen nun aufwendige Herstellungsprozesse, die oft Tage, ja Wochen, manchmal Jahre in Anspruch nehmen: Abkochungen, Verreibungen, alkoholische Gärungen, Ausglühen in Tongefäßen oder einfach nur Frischsaftgewinnung. Ayurveda verfügt hier über ein unvergleichliches Wissen über die Freilegung der Heilkräfte von Pflanzen und Mineralien. Es gelingt sogar, bei bestimmten Pflanzen, wie etwa dem Sturmhut (Aconitum napallus), durch definierte Reinigungsprozesse (Sankalpa) deren Gift völlig herauszulösen und sie in sehr wirksame und völlig unschädliche Heilmittel zu verwandeln.

Der zeitliche, räumliche und personelle Aufwand, der zur Herstellung vieler ayurvedischer Arzneimittel erforderlich ist, wäre vermutlich in einer west-

Fragen zu den ayurvedischen Heilkräuterpräparaten

lichen Fabrik kaum bezahlbar. Dazu ein Beispiel: Um das weltweit bekannte Amrit Kalash MA 4 korrekt herzustellen, sind über 250 Zubereitungsschritte erforderlich. Für 1 kg fertiges Fruchtmus werden 30 kg Rohstoffe benötigt, darunter seltene Heilpflanzen, die nur unter großem sammlerischen Aufwand gefunden und geerntet werden können.

Haben ayurvedische Mittel Nebenwirkungen?

Ayurvedische Arzneimittel haben, sofern sie sachgerecht hergestellt wurden und auch das enthalten, was sie enthalten sollen, so gut wie keine Nebenwirkungen. Da die diesbezüglichen staatlichen Kontrollen im indischen Subkontinent und auf Sri Lanka aber nur unzureichend sind oder sehr großzügig gehandhabt werden, kommt es jedoch immer wieder vor, dass ayurvedische Arzneimittel nicht das enthalten, was auf der Packung steht. Kann zum Beispiel eine Pflanze nicht geerntet werden, weil sie in einer Saison nicht wächst, dann wird sie unter Umständen durch eine andere, eventuell weniger wirksame, ersetzt. Aus finanziellen Gründen werden auch immer wieder gerne weniger wirksame, aber im Einkauf billigere Pflanzenspezies verarbeitet.

Ernste gesundheitliche Konsequenzen haben unerlaubte Beimengungen nicht deklarierter, stark wirksamer allopathischer Substanzen, die eine Heilwirkung des Pflanzenmittels vortäuschen und erhebliche Nebenwirkungen erzeugen können, oder unkorrekt hergestellte Bhasmas (siehe unten), metallische Zubereitungen, die toxische Reaktionen hervorrufen können.

Seriöse Hersteller ayurvedischer Produkte achten jedoch streng auf die Reinheit und Wirksamkeit ihrer Produkte.

Welche Sicherheitsgarantien für ayurvedische Präparate gibt es?

Ein zunehmend wichtiges Kriterium sind Qualitätsstandards, die Firmen erfüllen müssen. Nur sehr wenige indische Hersteller verfügen über Qualitätszertifikate wie GMP (Good Manufacturing Products) oder ISO 9001, die für erstklassige und zuverlässige Qualität bürgen und hohen westlichen Standards entsprechen, so der weltweit größte Exporteur ayurvedischer Produkte, die in Delhi ansässige Firma Maharishi Ayurveda Products India (MAPI), deren

Pflanzenpräparate zusätzlich beim Import nach Europa von unabhängigen Labors auf ihre Reinheit und Qualität getestet werden.

Worauf muss ich beim Kauf ayurvedischer Mittel achten?

Man sollte grundsätzlich nur ayurvedische Arzneimittel namhafter Hersteller einnehmen. Auch sollten sie von einem Experten der ayurvedischen Medizin verordnet sein, es sei denn, es handelt sich um reine Gesundheitsprodukte, die auch im freien Handel von Ayurveda-Shops angeboten werden.

Auf der Packung müssen deutlich deklariert sein:
- Inhaltsstoffe (möglichst auch mit botanischen Namen)
- Haltbarkeitsdatum
- Dosierungsanleitung
- Adresse des Importeurs oder der Herstellerfirma.

Was sind Bhasmas?

Bhasmas sind hochkomplexe Präparate aus Metallen, Edelsteinen, Pflanzen und tierischen Produkten. Bei der Herstellung durchlaufen sie einen Oxydationsprozess, der die zugesetzten Stoffe so verändert, dass sie vom Körper optimal aufgenommen werden. Beispiel: Nimmt man rohes Eisen ein, dann kann es der Körper nur unzureichend resorbieren, es erzeugt oft Verstopfung. Die ayurvedischen Eisenbhasmas dagegen verursachen keinerlei Verdauungsstörungen, gelangen rasch ins Blut und liefern den Baustein zur vermehrten Bildung des Hämoglobins.

Metallische Bhasmas durchlaufen bei der Herstellung oft zahlreiche, genau aufeinander abgestimmte Reinigungsprozesse (*Shodana*). Damit werden nicht nur chemische Unreinheiten beseitigt, sondern auch die toxischen Nebenwirkungen mancher Metalle. Die Herstellung mancher dieser Präparate kann übrigens Jahre dauern. Die Kunst der Herstellung der Bhasma-Zubereitungen ist in Schriften der ayurvedischen Wissenschaft der Alchemie, dem *Rasa Shastra*, abgehandelt.

Fragen zu den ayurvedischen Heilkräuterpräparaten

Was ist ein Anupana?

Anupana heißt wörtlich so viel wie „Nachtrunk", also das, was man nach (oder bei) der Einnahme einer Arznei trinkt oder einnimmt. Anupanas sind Transportmedien, Stoffe, die die Aufnahme einer Arznei in den Körper erleichtern oder verbessern. Ähnliche Prinzipien sind auch in der modernen Medizin bekannt. So benötigen zum Beispiel die fettlöslichen Vitamine A, D, E und K ein Fett oder Öl als Lösungsphase, damit sie optimal vom Körper resorbiert werden können. Im Ayurveda kennt man zahlreiche Anupanas, die ja nach Beschaffenheit, Wirkung und Wirkort einer Arznei zur Einnahme mit diesem Mittel verordnet werden.

- **Heißes Wasser:** Kann zu jeder ayurvedischen Arznei genommen werden, auch wenn ein anderes Anupana verordnet wurde, dieses aber nicht zur Verfügung steht oder aus anderen Gründen nicht eingenommen werden kann. Wird heißes Wasser als erstes Anupana angegeben, dann ist es das wirkungsvollste Transportmittel. Die Arznei ist in der Regel dann wasserlöslich, das warme Wasser erleichtert und verbessert seine Aufbereitung im Verdauungssystem. Auch wenn ein anderes Anupana empfohlen und genommen wurde, sollte etwas heißes Wasser nachgetrunken werden. Dosierung: Einige Schlucke bis ein Tasse.

- **Milch:** Wird meist bei scharf schmeckenden Arzneimitteln als Begleitmittel gegeben, da es den Magen vor den Scharfstoffen schützt, was besonders bei magenempfindlichen Personen wichtig sein kann. Milch ist häufig auch das Anupana ayurvedischer Arzneimittel, die auf der Basis von Ghee hergestellt werden. Dosierung: warme Milch, einige Schluck bis eine Tasse.

- **Honig:** Hat Kapha lösende, das heißt abbauende Wirkung und wird daher oft als Begleitstoff solcher ayurvedischer Präparate gegeben, die überschüssiges Kapha abbauen. Honig wird bei Krankheiten wie verschleimende Bronchitis, Nebenhöhlenvereiterung, Übergewicht oder die Nasen-Rachen-polypen der Kinder eingesetzt. Dosierung: 1 Teelöffel.

- **Kaffee:** Ähnlich verhält es sich mit Bohnenkaffee, der durch sein Koffein Vata und Pitta anregt und dadurch Kapha verringert. Das Koffein hat dabei ähnliche Wirkungen wie Theophyllin, ein Arzneistoff, der in Asthmapräparaten der westlichen Medizin enthalten ist und vor allem die verengten Bronchien erweitert, die neben der Schleimansammlung in den Atemwegen die Luftnot beim Asthma hervorruft. Koffein unterstützt hier die Wirkung

Was ist ein Anupana?

ayurvedischer Asthmamittel in ähnlicher Weise. Dosierung: Einige Schlucke bis eine Tasse.

- **Rajas Cup:** Ayurvedischer Kräuterkaffee, wird ähnlich eingesetzt wie Bohnenkaffee. Dosierung: Einige Schluck bis ein Tasse.
- **Natürlicher, weißer Kandiszucker aus Zuckerrohr:** Dieser bringt alle drei Doshas ins Gleichgewicht, im Gegensatz zu gewöhnlichem weißen Zucker, der Kapha (und bei gewohnheitsmäßigem Gebrauch auch Vata) erhöht. Dosierung: 1 Teelöffel, gelöst in warmem Wasser.
- **Ghee:** Butterreinfett ist das beste Transportmittel für fettlösliche Wirkstoffe, zum Beispiel die Vitamine A, D, E und K. Dosierung: 1 Teelöffel.
- **Lassi:** Das Yoghurtgetränk stärkt die Darmflora, unterstützt die Verdauung, fördert den Stuhlgang und wirkt kühlend bei Entzündungskrankheiten. Lassi wird daher oft zusammen mit solchen ayurvedischen Pflanzenmitteln gegeben, die das Verdauungsfeuer stärken und den Stoffwechsel regulieren. Dosierung: 1 Glas frisches Lassi, 1 : 4 bis 1 : 8 verdünnt.
- **Zucker:** Industriezucker gilt auch im Maharishi Ayurveda bei längerem Gebrauch als nicht vorteilhaft. Sharkara dagegen ist ein nach ayurvedischen Prinzipien gewonnener Zucker, der für die Gesundheit als sehr förderlich betrachtet wird. Dosierung: 1 Teelöffel.

Kombinierte Einnahme

Anupanas werden häufig untereinander kombiniert mit dem Arzneimittel eingenommen: Kandiszucker und Ghee, warmes Wasser und Honig, Milch und Kandiszucker, Kaffee und warmes Wasser, Milch und Ghee oder warmes Wasser und Kandiszucker. Die jeweils empfohlenen Anupanas sind in der Regel bei den Präparaten angegeben.

Fragen zu den ayurvedischen Heilkräuterpräparaten

Wie stellt man ein Kashaya, eine Abkochung, her?

Abkochungen sind wirkungsvolle und daher therapeutisch wichtige Arzneizubereitungen, die auch von der westlichen Naturmedizin eingesetzt werden. Im Ayurveda werden Heilkräuter auf ein Viertel der Ausgangsmenge von Wasser heruntergekocht. Hier als Beispiel eine einfache Abkochung, ein Hausmittel gegen Erkältung und Fieber:

- 1 TL Kreuzkümmelfrüchte gemahlen
- 1 TL Ingwerpulver
- 1 TL Korianderfrüchte gemahlen

In 200 ml Wasser auf 50 ml herunterkochen. Die Hälfte dieser Menge abends vor dem Schlafen trinken, den Rest kalt am nächsten Morgen. Im Anfangsstadium einer Erkältung lindert dieser Dekokt sofort die Beschwerden, senkt das Fieber und beschleunigt die Heilung.

Sollen nicht besser die heimischen Heilpflanzen verwendet werden?

Grundsätzlich empfiehlt Ayurveda die Verwendung der heimischen Heilkräuter. Wenn sie jedoch nach den ayurvedischen Gesetzmäßigkeiten und Kriterien verwendet werden sollen, müssen viele der bei uns wachsenden Pflanzen auf dieser Grundlage geprüft und „erfahren" werden. Unter „Erfahrung" ist die Wahrnehmung ihrer Wirkungen mit allen Sinnen, unter anderem mit der Zunge und dem Tastsinn, zu verstehen, wie es die Vaidyas, die ayurvedischen Ärzte in Indien, tun. Neben der pharmakologischen Wirkung, die oft schon bekannt ist, müssen darüber hinaus die individuellen Eigenschaften der Pflanzen, ihr Einfluss auf die Doshas und Subdoshas und ob und wie sie die Körpergewebe, die Dhatus, nähren oder reinigen, bestimmt werden. Auch ihre geistige Wirkung (Sattava, Rajas, Tamas, siehe Seite 57) und schließlich ihre Kombination untereinander ist hier mit zu berücksichtigen. Schließlich ist zu bedenken, dass die Pflanzenpräparate vor Ort hergestellt werden müssten. Die Anlagen dafür sind derzeit nicht vorhanden, etablierte westliche Firmen sehen den Markt an ayurvedischen Produkten zur Zeit noch nicht lukrativ genug und besitzen auch nicht das Know-how, um in eine Produktion einzusteigen.

Was sind Rasayanas?

Die Erfahrung westlicher Ärzte, die seit fast zwei Jahrzehnten Ayurveda-Mittel in Europa verschreiben, zeigt darüber hinaus, dass die heimischen Patienten hervorragend auf die Präparate ansprechen und sie ausgezeichnet vertragen. Mit der wachsenden Verbreitung und Anerkennung der ayurvedischen Medizin wird jedoch das Bedürfnis entstehen, unsere eigenen Heilpflanzen ayurvedisch zu kategorisieren und aufzubereiten.

Was sind Rasayanas?

Das Wort setzt sich zusammen aus Rasa (Geschmack, Nährsaft, Freude, erste Essenz aus der Nahrung bei der Verdauung) und Ayana (Bewegung, auch Reise, Weg). Ein Rasayana ist das, was den Rasa (den Nährsaft, das erste Dhatu, Körpergewebe) zum Fließen bringt und zu den Körpergeweben, Zellen und Organen bewegt, die dadurch optimal ernährt und gestärkt werden.

Als Rasayanas werden im Ayurveda solche Mittel bezeichnet,
- die den Organismus stärken,
- seine Lebensdauer erhalten oder verlängern
- oder sogar eine verjüngende Wirkung haben.

Das Hauptziel der Rasayanas ist, die Bildung von Ojas (siehe Seite 40) zu optimieren und damit Wohlbefinden und inneres Glück, ja auch das Glück in den Zellen, ihre Harmonie und volle Funktion aufrechtzuerhalten oder wiederherzustellen. Rasayanas schaffen also nicht nur Gesundheit, regenerieren den Körper und seine Organe, entfalten Verjüngungseffekte, sie erzeugen auch Wohlbefinden, was ja nach ayurvedischer Auffassung ohnehin Ausdruck von Gesundheit ist.

Rasayanas wirken allerdings nur dann optimal, wenn Geist und Körper einen gewissen Grad an Reinheit besitzen. Vor der Einnahme wird daher oft eine Reinigungskur (Panchakarma [siehe Seite 69 ff.], dosiertes Fasten, Heißwasser-Trinkkur [siehe Seite 63], Ingwerrezepte, Entschlackungspräparate) empfohlen.

Fragen zu den ayurvedischen Heilkräuterpräparaten

Natürliche Rasayanas und Kombinationspräparate

Es gibt von der Natur bereits fertig „gelieferte" Rasayanas wie Langkornpfeffer, Milch oder Ghee. Ayurveda beherrscht aber auch und vor allem die Kunst, aus Heilpflanzen und Mineralien hochwirksame Rasayanas als Kombinationspräparate nach den Gesetzen der ayurvedischen Pharmakologie (Dravya Guna Vignana) herzustellen. Allerdings wird im Ursprungsland nicht selten gegen die Reinheits- und Echtheitsgebote bei der Herstellung verstoßen. Man sollte daher unbedingt die Seriosität des Herstellers und die Qualität seiner Produkte kennen (siehe „Reinheit der ayurvedischen Produkte" Seite 81).

Zu den bekanntesten Rasayanas gehören das Chyavanprash und das Maharishi Amrit Kalash. Letzteres ist eine Vervollständigung des landesweit in Indien verkauften Chyavanprash und enthält einige seltene Heilpflanzen, die in den alten Texten als essentiell hervorgehoben werden, in den herkömmlichen Präparaten aber nicht (mehr) enthalten sind. Außerdem liegt dem Amrit Kalash ein aufwendiger Herstellungs- und Potenzierungsprozess zugrunde, der die Wirksamkeit entscheidend verbessert. Über zweihundert Produktionsschritte sind erforderlich, um aus der zwanzigfachen Ausgangsmenge schließlich ein Marmeladenglas voll Amrit Kalash Nektar herzustellen. Dem Amrit Kalash in seinen drei Zubereitungsformen (Fruchtmus MA 4, Kräutertabletten M5 und zuckerfreie Kräutertabletten MA 4T) werden verjüngende, vitalisierende Wirkungen zugeschrieben. Wissenschaftler haben folgende Eigenschaften von Maharishi Amrit Kalash entdeckt:

- Neutralisiert Freie Radikale (wirksamer als alle bekannten Antioxidanzien, zum Beispiel um den Faktor 10 000 besser als Vitamin C)
- Stärkt das Immunsystem (aktiviert die CD 4 Suppressorzellen)
- Verringert die Verklumpung der Blutplättchen, beugt daher vermutlich Thrombosen und Herzinfarkt vor)
- Hilft gegen Allergien
- Wirkt antidepressiv, enthält einen Imipramin ähnlichen natürlichen Stoff (Imipramin ist ein Antidepressionsmittel)
- Hilft im Tierversuch gegen verschiedene bösartige Tumoren
- Verringert die Nebenwirkungen von Medikamenten, zum Beispiel in der Krebstherapie
- Aufgrund von Beobachtung und Erfahrung kann ergänzt werden: Amrit Kalash schenkt Energie, verbessert oft die Haut bei Schuppenflechte, lindert Gelenkschmerzen und verbessert den Stuhlgang.

Welche weiteren Rasayanas gibt es?

Das Amrit Kalash ist das am meisten erforschte Rasayana. Es gibt aber zahlreiche weitere, die oft nach ihrer Hauptwirkrichtung benannt werden. Bei Importpräparaten ist die Bezeichnung oft auf Englisch oder in der Landessprache: *Sportlerrasayana* (fördert den Aufbau von Muskulatur), *Frauenrasayana* (stärkt die weibliche Physiologie und harmonisiert die hormonelle Regulation), *Magenrasayana* (stärkt die Verdauungskraft des Magens und wirkt der Übersäuerung entgegen) und so weiter. In Indien oder Sri Lanka behalten manche Mittel die Sanskritbezeichnung der ayurvedischen Texte, in denen ihre Zusammensetzung und Herstellung beschrieben wird. So zum Beispiel *Trikatu Churna* (Mischung aus den drei scharfen Gewürzen Ingwer, schwarzer Pfeffer und Langkornpfeffer). Es heizt den „Verdauungsofen" an, wird vor allem bei Verdauungsstörungen wie Blähungen, Völlegefühl, Übersäuerung, aber auch gegen Schleimhusten und Bronchitis eingesetzt) oder *Triphala Churna* (Mischung aus den drei berühmten ayurvedischen Früchten Amalaki, Bibhitaki, Haritaki; siehe Seite 90 ff.).

Achara Rasayana

Das Thema über die ayurvedischen Rasayanas bliebe unvollständig, wenn nicht auch *Achara Rasayana*, das Rasayana des Verhaltens, behandelt würde. Unser Bewusstsein, die Färbung unserer Gedanken und Gefühle und unser Verhalten beeinflussen ganz entscheidend nicht nur unser Glück und unseren Erfolg im täglichen Leben, sondern auch die Funktion unserer Zellen, Gewebe und Organe. Bewusstsein formt und prägt den Körper. Jeder Gedanke, jedes Gefühl hat Wirkung und verwandelt sich nach den Erkenntnissen der modernen Psycho-Neuro-Immunologie in Botenstoffe, die unmittelbar die komplexen Funktionen von Zellen, Organen und Geweben beeinflussen und daher ganz wesentlich über Gesundheit und Krankheit entscheiden.

Nachfolgend finden Sie einige Ayurvedische Heilpflanzen in der Übersicht.

Fragen zu den ayurvedischen Heilkräuterpräparaten

Sanskrit Bezeichnung Botanischer Name Deutscher Name	Verwendete Pflanzenteile	Hauptwirkung Beispiele	Traditionelle Anwendung Beispiele	Bemerkungen
Ashwagandha Withania somnifera Winterkirsche *Prana-Vata Alle Dhatus, vor allem Shukra Dhatu*	Wurzel Blätter	Stärkt und beruhigt das Nervensystem Rasayana, Tonikum, Aphrodisiakum Samen bildend und vermehrend Milch bildend Nährt alle Dhatus Sothara-Effekt: reinigt die Srotas von Ama Medhya-Rasayana: stärkt mentale Leistungen	Nervöse Erschöpfung Schlafstörungen Sterilität von Mann/Frau Uteruserkrankungen Entzündungen, Rheuma Infektanfälligkeit Konzentrationsstörungen, Gedächtnisschwäche	Als Pulver oder in Form von Tabletten im Handel, als Nahrungsergänzungsmittel erhältlich
Arjuna Terminalia arjuna *Balanciert Vata, Pitta und Kapha Sadhaka-Pitta Avalambaka-Kapha*	Nur der innere Teil der Rinde ist wirksam	Stärkt das Herz als Organ Senkt die Herzfrequenz Beruhigt und stärkt das „emotionale Herz" Senkt zu hohen Blutdruck Stärkt des Körpers Verjüngungsmechanismen Juckreiz stillend	Herzschwäche Koronare Herzkrankheit Emotionale Belastungen Herzenskummer Hautkrankheiten	Oft die Hauptpflanze in Herz stärkenden Ayurvedapräparaten
Brami Bacopa monieri *Prana-Vata Majja-Dhatu Sdhaka-Pitta Avalambaka-Kapha*	Ganze Pflanze, vor allem Wurzeln Stängel Blätter	Medya-Rasayana für das Nervensystem (stärkt die Fähigkeit, Wissen aufzunehmen, abzuspeichern und zu erinnern) Stress ausgleichend Krampf lösend Herz stärkend Schweiß treibend, Fieber senkend Blut reinigend Antiasthmatisch	Stressfolgen Nervöse Störungen Krampfleiden Nervenkrankheiten Herzschwäche Asthma bronchiale Erkältungskrankheiten	In vielen ayurvedischen Nervenmitteln enthalten
Kumari Aloe vera Aloe	Blätter und deren Saft	Verdauungskraft verbessernd Abführend	Verstopfung, Blähungen, Appetitstörungen	Beste Qualität ist frischer Saft aus

Einige Ayurvedische Heilpflanzen in der Übersicht

Pacaka-Pitta *Bhrajaka-Pitta* *Apana-Vata* *Ranjaka-Pitta* *Alocaka-Pitta* *Shukra-Dhatu*		Äußerlich und innerlich Haut reinigend Fördert äußerlich die Wundheilung, Galle treibend Harn treibend Stoffwechsel anregend Funktion von Leber und Milz stärkend Milz abschwellend Gebärmutterfunktionen stärkend, Menstruation fördernd Sehkraft stärkend Schweiß treibend, Fieber senkend Verjüngend	Leber- und Milzkrankheiten Menstruationsbeschwerden Ausbleibende Regel Ausfluss Ödeme Verwendung als allgemeines Tonikum	handverlesenen Blättern, deren Rinde sorgfältig entfernt wurde, ohne Geschmacks- und Konservierungsstoffe
Pippali **Piper longum** **Langkornpfeffer** *Pacaka-Pitta* *Amapanchana (verbrennt Verdauungstoxine)* *Kledaka-Kapha* *Shleshaka-Kapha* *Apana-Vata* *Prana-Vata* *Shukra-Dhatu*	Blätter und deren Saft	Rasayana für das Verdauungssystem Stärkt alle 13 Agnis, die im Verdauungsprozess beteiligt sind (1 Jatar-Agni, das Hauptverdauungsfeuer, 5 Budh-Agnis zur Aufschlüsselung der Nahrung, 7 Gewebe-Agnis zum Aufbau von Körpergewebe) Die gesamte Verdauungskraft verbessernd Verbrennt Verdauungstoxine (Ama) Krampf lösend Schleim lösend, Husten stillend Keim tötend Harn treibend Stimuliert das Nervensystem Herz stärkend Aphrodisiakum	Verstopfung, Blähungen, Appetitstörungen, Völlegefühl, Magen-Darmkrämpfe Darmpilze und Störungen der Darmflora Konzentrationsschwäche Herzschwäche Atemwegserkältungen, Asthma bronchiale Schluckauf Reizblase Potenzschwäche	Ganze Samen und gemahlen ist Langkornpfeffer im Fachhandel erhältlich Menge zum Verzehr: 2–3 Körner, aufgekocht in Tee oder im Müsli oder 1/2 TL des Pulvers

Fragen zu den ayurvedischen Heilkräuterpräparaten

Sanskrit Bezeichnung Botanischer Name Deutscher Name	Verwendete Pflanzenteile	Hauptwirkung Beispiele	Traditionelle Anwendung Beispiele	Bemerkungen
Shatavari Asparagus racemosus Wilder indischer Spargel *Pitta, kühlend, Vata beruhigend Prana-Vata Alocaka-Pitta Vyana-Vata Shukra-Dhatu*	Wurzel und Blätter	Rasayana für die Fortpflanzungsorgane Fördert die Fruchtbarkeit von Mann und Frau, verbessert die Spermienbildung Entzündungshemmend Stärkt den Stoffwechsel in allen Körpergeweben Vermehrt Ojas Kühlt Augenentzündungen und stärkt die Augen Stärkt das Nervensystem und beruhigt Vermehrt den Harnfluss Wirkt Milch bildend Senkt zu hohen Blutdruck	Impotenz, Kinderwunsch, Unfruchtbarkeit von Mann und Frau Magen-Darmentzündungen, Durchfallkrankheiten Nervosität, Gedächtnisstörungen und Konzentrationsschwäche Augenkrankheiten, Exophthalmus bei M. Basedow, Augenentzündungen Herzschwäche, Bluthochdruck	
Shunti Zingiber officinale Ingwer *Pachka-Pitta Ranjaka-Pitta Prana-Vata Shleshaka-Kapha Kledaka-Kapha Alocaka-Pitta Rasa-Dhatu Rakat-Dhatu Shukra-Dathu*	Wurzel	Rasayana für das Verdauungssystem Stärkt die Darmflora Reguliert Kreislauf, senkt zu hohen, erhöht zu niedrigen Blutdruck Gegen Schwindel bei Reisekrankheit Blut verdünnend Cholesterin senkend Husten stillend Schleim lösend Fieber senkend, antibakteriell, antiviral Blut reinigend Stärkt das Immunsystem Stärkt das Nervensystem Stärkt die Augen	Alle Arten von Verdauungsstörungen Durchfallkrankheiten Reisekrankheit Niedriger oder hoher Blutdruck ernährungsbedingt erhöhtes Cholesterin Asthma, Bronchitis, Keuchhusten, Verschleimung Erkältungskrankheiten, Fieber Rheumatische Beschwerden	Ingwer kann man im eigenen Wintergarten anbauen. Die Wurzel gibt ihren reichlichen Saft, indem man sie schabt und durch ein Leinentuch presst. Trockenes Ingwerpulver ist als Gewürz erhältlich

Einige ayurvedische Heilpflanzen in der Übersicht

		Aphrodisiakum, Samen vermehrend, Schmerz stillend		
Haridra **Curcuma longa** **Gelbwurz** *Ranjaka-Pitta Pachaka-Pitta Rakta-Dhatu*	Wurzelknolle	Verbessert den Gallefluss Unterstützt und verbessert die Leberfunktion Regt die Schleimbildung im Magen an und schützt den Magen Wirkt antiallergisch Hemmt die Blutgerinnung Lindert Entzündungen Senkt Cholesterin Wirkt antibakteriell Blut stillend	Verdauungsbeschwerden wie Übelkeit, Verstopfung Leber- und Gallekrankheiten Allergien, Heuschnupfen Äußerlich schlecht heilende Wunden und Geschwüre Gastritis Hohes Cholesterin Blutungen	Gelbwurzpulver ist als Gewürz in Gewürz-/ Asienläden erhältlich
Madhuka **Glycyrrhiza glabra** **Süßholz** *Prana-Vata Pachaka-Pitta Kledaka-Kapha Shleshaka-Kapha Alocaka-Pitta Apana-Vata Rasa-Dhatu*	Geschälte Wurzel	Rasayana Nerventonikum Hemmt Entzündungen Stärkt Augen und Sehkraft Schleim lösend Stärkt Immunsystem, vor allem auch gegen Viren Abführend Magen stärkend	Stressfolgen Nervöse Störungen Bronchitis, Husten, Asthma bronchiale Erkältungskrankheiten Magengeschwüre und Magenschleimhautentzündungen Sehschwäche Herpesinfektionen (äußerlich)	Süßholzwurzel ist in der Apotheke erhältlich

Fragen zu den ayurvedischen Heilkräuterpräparaten

Sanskrit Bezeichnung Botanischer Name Deutscher Name	Verwendete Pflanzenteile	Hauptwirkung Beispiele	Traditionelle Anwendung Beispiele	Bemerkungen
Amaliki **Emblica officinalis** **Amlafrucht** *Balanciert alle drei Doshas* *Prana-Vata* *Alocaka-Pitta* *Pachaka-Pitta* *Ranjaka-Pitta* *Asthi-Dhatu* *Mamsa-Dhatu* *Shukra-Dhatu* *Ojas vermehrend*	Frucht Samen Blätter Wurzel Rinde Blüten	Eines der wichtigsten Rasayanas, wirkt verjüngend Stärkt das Nervensystem Stärkt die Augen Reinigt das Blut Entgiftet die Leber Reinigt die Haut Neutralisiert Magensäure Schützt und stärkt das Herz Wirkt anabol (Muskel aufbauend) Stärkt das Verdauungssystem Stärkt das Immunsystem Vermehrt Ojas Hoher Vitamin C-Gehalt Verbessert die Calciumresorption und stärkt Nägel, Haare, Knochen	Nervenschwäche Erschöpfung Sehstörungen Unreine Haut, Ekzeme Übersäuerung, Magenschleimhautentzündung und Magengeschwüre Herzschwäche Infektanfälligkeit Haarausfall, brüchige Nägel, Osteoporose Muskelschwäche	Die Amlafrucht ist einer der drei Bestandteile von Triphala und u.a. im Amrit Kalash enthalten. Trockenfrüchte zum Verzehr sind im Handel erhältlich
Sallaki **Boswellia serrata** **Indischer Weihrauchbaum** *Prana-Vata* *Pachaka-Pitta* *Udana-Vata* *Bhrajaka-Pitta* *Asthi-Dhatu* *Majja-Dhatu*	Harz des Baumes aromatisches Öl	Stark entzündungshemmend Schmerz stillend Abschwellend Auswurf fördernd Desinfizierend Stärkt das Gehirn	Rheumatische Entzündungen Darmentzündungen, Morbus Crohn, Colitis ulcerosa Hirntumore: Glioblastom, Astrozytom (abschwellend) Schuppenflechte Allergien Versuch bei Alzheimer-Krankheit Raumdesinfektion (Räuchern, Aromaöl) Weihrauchöl äußerlich: Warzen, Herpes, Aphthen, Hautpilze, Hautentzündungen	Original Sallaki-Tbl. nach ayurvedischen Prinzipien sind auf Privatrezept über die internationale Apotheke erhältlich. Räucherharz gibt es im einschlägigen Handel. Arabisches Weihrauchöl ist aromatischer

Fragen zu speziellen vedischen Therapien

„Die Verse des Veda gründen im transzendenten Bereich, in reinem Bewusstsein, in dem alle Impulse der Naturgesetze, die das gesamte Universum regieren, wohnen. Der dies kennt, ist in Einheit gegründet, in der Ganzheit des Lebens."

Rik-Veda I.164.39

Fragen zu speziellen vedischen Therapien

Was ist das „Veda-Intensivprogramm"?

Das so genannte Veda-Intensivprogramm des Maharishi Ayurveda ist eine sehr aufwendige und differenzierte Spezialtherapie für chronische, schwer heilbare Krankheiten. Dieses Programm erfordert großen Aufwand an Personal, viel Know-how und Erfahrung. Es wird nur in speziellen Zentren durchgeführt, in Europa in Uedem bei Aachen. Bekannte indische Professoren und auch westliche Wissenschaftler wirken mit.

Was hat es mit den vedischen Klängen und Mantren auf sich?

Indologen sind bisher davon ausgegangen, dass ein vedischer Text des Inhalts wegen wichtig ist. Es hat sich aber herausgestellt, dass die vedische Literatur, die in der Sanskritsprache verfasst ist, ganz systematisch und analysierbar aus Klängen aufgebaut ist, die spezifische, ordnende, wachstumsfördernde und heilende Wirkungen auf den menschlichen Körper und die äußere Natur haben.

Sie wirken vergleichbar wie Mantren auf Körper und Geist und sind spezifisch bestimmten Organen, Körperstrukturen und Funktionen zuzuordnen. Professor Toni Nader, ehemals Forscher am Massachusetts Institute of Technology, hat in jahrelanger Forschung dargelegt, dass der Veda und die vedische Literatur als Klangstrukturen die Schwingen darstellen, die dem menschlichen Körper mit seinem Nervensystem, seinen Organen, Zellen und Funktionskreisen zugrunde liegen. In anderen Worten: Der Veda und die vedische Literatur sind der Bauplan des menschlichen Körpers, die submateriellen Ordnungskräfte hinter dem genetischen Code sozusagen.

Verschiedene vedische Texte, zum Beispiel der Sthapatya-Veda (Baukunst – Körperbau und Anatomie) oder Gandharva-Veda (Musikwissenschaft – Rhythmen und Zyklen) oder Vyakaran (Grammatik – Hypothalamus) stehen demnach in Beziehung zu bestimmten Organen oder Organsystemen oder Strukturen des Nervensystems. Vedische Texte, wenn sie rezitiert werden, sind wie eine Art vibrierender Plan, aus dem die Natur den Organismus erschaffen hat und der nun mit diesem wieder in Resonanz tritt.

Die Rishis haben diese ordnende Intelligenz, die dem menschlichen Körper zugrunde liegt, in sich selbst, in den tiefsten Bereichen ihres Bewusstseins, ge-

Was hat es mit den vedischen Klängen und Mantren auf sich?

schaut und in der Klangsprache des Sanskrit ausgedrückt. Wenn man diese Klänge hört, resonieren damit bestimmte Organe und werden gestärkt und gegebenenfalls zur Heilung und Regeneration angeregt. Konkret: Kenne ich den Eigenklang der Leber, der sie erschaffen hat und die Zellen täglich neu erzeugt, dann kann ich diesen Klang hören, rezitiert bekommen oder selbst vortragen und sehr harmonisierend auf meine Leber einwirken.

Der Veda und die vedische Literatur sind der Bauplan des menschlichen Körpers, die submateriellen Ordnungskräfte jenseits des genetischen Codes.

Fragen zur Ausbildung

„Den Weisen dient die ganze Welt als Lehrer."

Charaka-Samhita, Vim. VIII 14

Fragen zur Ausbildung

Welche Anforderungen werden an den Ayurveda-Arzt gestellt?

In der Charaka-Samhita werden ganz nüchtern vier Faktoren analysiert, die bei der Behandlung eines Patienten und seiner Krankheit zusammenspielen:
- Der Arzt
- Die Medizin
- Das Assistenzpersonal
- Der Patient

Es heißt im Text, diese vier gestalten den Heilungsprozess, vorausgesetzt, sie erfüllen geeignete Vorraussetzungen und Eigenschaften. Auch der Patient muss seinen Beitrag leisten, dem Arzt wird aber die wichtigste Rolle zugeschrieben – also ausdrücklich nicht allein seiner Arznei! Darin unterscheidet sich das Arztbild im Ayurveda von dem des Arztes im westlichen modernen Gesundheitswesen, der seine Möglichkeiten oft nur in dem von ihm verordneten Medikament und nicht so sehr in sich selbst sieht. Und das, obwohl die „Droge Arzt", sein gewichtiger Einfluss auf Heilung, längst wissenschaftlich belegt ist, aber unter dem Zeitdruck des Klinikbetriebes und den materiellen Zwängen der Gebührenordnung vernachlässigt wird.

Welche Qualifizierung wird vom ayurvedischen Arzt verlangt? Als die vier wichtigsten Eigenschaften, die er besitzen muss, werden genannt:
- Exzellenz im medizinischen Fachwissen
- Große praktische Erfahrung
- Eine geschickte Hand
- Spirituelle Reinheit

Medizinisches Fachwissen (im Ayurveda) wird durch gute Lehrer und das Studium der Schriften erworben, aber auch durch die Erkenntnis aus sich selbst! Denn der Veda ist, wie besprochen, tief in jedem Menschen, in der stillsten Ebene seines Bewusstseins zu Hause. Deshalb sollte ein Ayurveda-Arzt täglich meditieren und dabei transzendieren, um regelmäßig Kontakt mit der Quelle des Wissens seiner Medizin aufzunehmen und natürlich auch, um sich zu regenerieren, einen frischen und klaren Geist zu bewahren und voller Lebenskraft und Energie zu sein. Der Arzt selbst muss die ayurvedischen Lebensregeln beachten und ein gesundes Leben führen.

Welche Ausbildungsstandards gibt es?

Er sollte darüber hinaus ein ganzheitliches Verständnis von Mensch, Natur und Kosmos besitzen und das Wesen einer Krankheit seines Patienten erfassen, also die tiefer liegenden Ursachen erkennen und bei seiner Analyse nicht auf der Ebene der Symptome stehen bleiben, sondern auch die Seele des Kranken heilen und ihn zu wirklicher Gesundheit führen, soweit dies durch die Natur der Erkrankung, die Selbstheilungskräfte des Patienten, seine Mitarbeit und das Potential von Assistenzkräften und Heilmitteln möglich ist.

Welche Ausbildungsmöglichkeiten gibt es?

In Deutschland und in Europa bieten inzwischen eine unüberschaubare Zahl von Instituten, Heilpraktikern, Masseuren und auch Ärzten eine Ausbildung in verschiedenen Teilbereichen des Ayurveda an. Meist wird die Ausbildung den unterschiedlichen Bedürfnissen der Bevölkerung angepasst:
- Ayurveda für Kosmetikerinnen
- Ausbildung zum Ayurveda-Gesundheitsberater
- Ausbildung zum Ayurveda-Therapeut, der auch ayurvedische Massagen durchführt oder
- ayurvedische Zusatzausbildung für Ärzte und Heilpraktiker

Welche Ausbildungsstandards gibt es?

Qualität, Inhalt und Art der Ausbildung unterscheiden sich oft erheblich, auch wenn dies nach den Curricula auf den ersten Blick nicht so scheint. Das liegt vor allem am unterschiedlichen Kenntnis- und Erfahrungsstand des Ausbilders und an der unterschiedlichen „Herkunft" der Institutsbegründer oder -leiter. Ayurveda ist in Indien kein einheitlich gelehrtes System. Es gibt unterschiedliche Auffassungen, Interpretationen und Lehrmeinungen über ayurvedische Grundprinzipien, Vorgehensweisen oder Therapiekonzepte. Sogar die Beurteilung des ayurvedischen Konstitutionstyps oder der Art der Grundstörung kann von Schule zu Schule völlig unterschiedlich ausfallen, obwohl das eigentlich vor dem Hintergrund der Lehre von den Doshas gar nicht möglich sein dürfte.

Häufig stützen sich ayurvedische Lehrinstitute auch auf das Wissen und die Lehrauffassung eines einzelnen, oft des eigenen Lehrers, den sie als Dozent und Mentor oder auch für die Durchführung bestimmter Therapien, vor allem

Fragen zur Ausbildung

Panchakarma, gewinnen konnten. Solche Kapazitäten gehen oft eigene Wege in der Therapie, die sich von der allgemein akzeptierten Auffassung unterscheiden.

Auch Verweise von Ausbildern, dass sie so und so lange in Indien selbst den Ayurveda studiert hätten, sind wenig aussagekräftig. Art und Qualität einer Ausbildung im Ursprungsland des Ayurveda selbst sind zu unterschiedlich.

Woran kann man sich orientieren?

Ein wichtiges Kriterium ist die Reputation der Kursleiter und des Lehrinstitutes. Wenn sich das gelehrte Wissen als sinnvoll anwendbar, überprüft und praxisbewährt erweist, sind das positive Kriterien. Zur Therapie empfohlene ayurvedische Medikamente sollten hohen westlichen Qualitätsstandards entsprechen und entsprechend belegt sein (ISO 9001 Standard). Der Ayurveda sollte als Teil der vedischen Wissenschaft verstanden sein und die gesamte Reichweite und Tiefe vedischen Wissens vermittelt werden. Dies schließt auch und vor allem die Beziehung des Veda und der vedischen Literatur zum menschlichen Bewusstsein und Körper mit ein.

Ein weltweit einheitliches Lehrsystem auf der Grundlage der klassischen Texte, das von führenden Ayurveda-Kapazitäten, westlichen Ärzten und Wissenschaftlern erarbeitet wurde, bieten die Maharishi Vedic University mit Sitz in Vlodrop, Holland, und die Maharishi University of Management, eine staatlich anerkannte Privatuniversität in Fairfield, Iowa, an. Ihre Ausbildungsgrundlagen, Wissensinhalte und Lehrprinzipien wurden auch von der Deutschen Gesellschaft für Ayurveda in den Kursen für Ärzte, Heilpraktiker und Laien übernommen (siehe Anhang).

Gibt es offizielle Ausbildungsrichtlinien?

Derzeit gibt es noch keine, etwa von Landesärztekammern oder Berufsverbänden festgelegten Ausbildungsstandards. Die Institute sind daher frei in Art und Umfang ihrer Ausbildung und können individuell eigene Zertifikate vergeben.

Was ist ein(e) Ayurveda-Therapeut(in)?

Was ist ein(e) Ayurveda-Therapeut(in), was macht er/sie und wo kann er/sie arbeiten?

Der Begriff Ayurveda-Therapeut wird unterschiedlich verwendet. Einige Institute bilden Kursteilnehmer, oft Masseure, in der Durchführung einiger Anwendungen des Panchakarma aus, vor allem der ayurvedischen Voll- und Teilmassagen und des Stirngusses (Shirodhara). Sie erfüllen damit das Bedürfnis von Wellnesshotels nach einer „Ayurveda-Abteilung", vor allem aus Prestigegründen. Die Maharishi Ayurveda-Kliniken und Gesundheitszentren verstehen unter einem Ayurveda-Therapeuten dagegen den „Technician", das heißt die Fachkraft, die alle Anwendungen des Panchakarma professionell in der Klinik auf Anweisung des Arztes am Patienten durchführt. Der Technician arbeitet Teil- oder Vollzeit. Sein Aufgabenbereich umfasst folgende Tätigkeiten:

- Unmittelbare Betreuung des Patienten während der Kuranwendungen
- Zubereitung und Bereitstellung aller für den Patienten verwendeten Massageöle, Ghee, Einlaufmischungen, Kräuterabkochungen etc.
- Durchführung aller Arten ayurvedischer Massagen
- Vorbereitung und Anwendung des Nasya (reinigende Kopfbehandlung), Netra-Tarpana (Augenbehandlung), Shirobasti (Ölhaube) und anderer Spezialbehandlungen
- Anwendung der verschiedenen Bastis (Einläufe)
- Durchführung und Überwachung der verschiedenen Swedanas (Dampfanwendungen)
- Koordination und Planung der täglichen und wöchentlichen Kuranwendungen für die Patienten

Das Berufsbild des Technicians verlangt vor allem Fähigkeit und Freude, im Team zu arbeiten, und erfordert eine sehr gesunde und vorbildliche Lebensweise, die zumindest in den Maharishi Ayurveda-Einrichtungen gefordert wird.

Ein Ayurveda-Therapeut in diesem Sinne ist demnach keine Art Heilpraktiker, der in freier Praxis ayurvedische Behandlungen an Patienten durchführt. Dies wäre zumindest in Deutschland ohnehin illegal, da hier nur Ärzte und legitimierte Heilpraktiker Krankheiten therapieren dürfen.

Fragen zur Ausbildung

Was ist die Aufgabe eines Ayurveda-Gesundheitsberaters?

So genannte Ayurveda-Gesundheitsberater sollten über alle Aspekte einer gesunden Lebensweise nach den Vorstellungen der ayurvedischen Medizin beraten können, zum Beispiel in folgenden Bereichen:

- Allgemeine Ernährungsregeln und individuelle Empfehlungen für eine typgerechte Ernährung
- Anleitungen zu Körperübungen (Yoga)
- Anwendung von Gewürzmischungen, Kräutertees, Aromen, Kosmetikartikeln
- Anwendungsmöglichkeiten von Gandharva-Veda Musik und vedischen Rezitationen (Sama-Veda, Rik-Veda)
- Anleitung zur Durchführung ayurvedischer Selbstmassagen
- Ratschläge für das Verhalten und vorbeugende Maßnahmen zum Wechsel der Jahreszeiten
- Grundlegende Informationen über die Bedeutung und den Ablauf ayurvedischer Reinigungskonzepte wie Panchakarma

Zum Aufgabengebiet und zur Ausbildung eines Ayurveda-Gesundheitsberaters gehört auch eine Schulung in Inhalt und Rhetorik für öffentliche und private Vorträge über ayurvedische Gesundheitsprogramme. Der Verkauf allgemein verkäuflicher ayurvedischer Produkte kann eine zusätzliche Verdienstquelle darstellen.

Eindeutig nicht zum Aufgabenbereich eines Ayurveda-Gesundheitsberaters gehören die Beratung und Behandlung von Krankheiten.

Gibt es für Ärzte eine Zusatzbezeichnung „Ayurveda"?

Eine Zusatzbezeichnung in ayurvedischer Medizin wird zur Zeit von den Ärztekammern nicht vergeben. Ein Arzt kann aber seine individuellen Kenntnisse und/oder seine Spezialisierung auf dem Arztschild oder im Internet anbringen, wenn er darauf hinweist, dass diese Bezeichnung nicht von seiner Ärztekammer vergeben wurde. Diese Zusatzbezeichnung sagt allerdings nichts über seine

Wird Ayurveda von der Krankenkasse bezahlt?

tatsächliche Qualifizierung aus. Allerdings vergeben ärztliche Berufsverbände nach einer erfolgreich absolvierten Zusatzausbildung Zertifikate, die vom Arzt zum Beispiel im Wartezimmer ausgehängt werden kann.

Wird Ayurveda von der Krankenkasse bezahlt?

Die gesetzlichen und privaten Krankenkassen erstatten derzeit nur wenige alternativ-medizinische Methoden oder Medikamente. So werden in der Regel die Kosten homöopathischer Behandlungen und Medikamente, bestimmter Pflanzenpräparate oder für Akupunktur in begrenztem Umfang übernommen. Es gibt jedoch Ausnahmen, die durch Musterurteile erwirkt wurden:

Eine Kostenerstattung durch die Krankenkasse ist im Einzelfall auch dann möglich, wenn eine alternativ-medizinische Behandlung
- medizinisch notwendig,
- Erfolg versprechend und
- nicht teurer als eine vergleichbare schulmedizinische Therapie ist
- oder wenn die schulmedizinischen Maßnahmen bereits erfolglos versucht wurden und sich die alternative Methode in ähnlich gelagerten Fällen als erfolgreich erwiesen hat.

Was nun aber medizinisch notwendig und ausreichend ist, was Erfolg versprechend und hilfreich ist, wird von den Sachbearbeitern einer Krankenkasse oft sehr unterschiedlich ausgelegt, leider auch vom so genannten medizinischen Dienst der gesetzlichen Krankenkassen (eine ärztliche Prüfinstanz), den Beihilfestellen und den für die privaten Krankenversicherer arbeitenden Prüfärzte.

Es besteht im Allgemeinen die Tendenz zur Ablehnung. Dabei stützen sich die Argumente oft weniger auf den konkret zu beurteilenden Fall als auf allgemeine, vorgefasste Formulierungen. Hinzu kommt, dass die Notwendigkeit oder die Wirksamkeit einer naturheilkundlichen Therapie oft in Unkenntnis bestritten wird.

Es empfiehlt sich daher, vor Therapiebeginn mit dem Sachbearbeiter Ihrer Krankenkasse über die vorgesehene Behandlung zu sprechen. Hilfreich ist hierbei auch ein Bericht des behandelnden Arztes, in dem er begründet, warum eine alternative Behandlung aus seiner Sicht erforderlich ist und welche Erfolgsaussichten bestehen. Der Sachbearbeiter tut sich dabei leichter, eine positive Entscheidung zu fällen, wenn ein Zeit- und Kostenrahmen für die an-

Fragen zur Ausbildung

gestrebte Therapie abgesteckt und eine neue Bewertung nach einer ersten Therapiephase vorgeschlagen wird. Was den Ayurveda betrifft, so wird es in den allermeisten Fällen um die Kostenerstattung für bestimmte Kräuterpräparate oder für die Panchakarma-Therapie gehen.

Für die ayurvedischen Pflanzenpräparate gilt Folgendes: Ein Arzt kann diese nur und ausschließlich auf Privatrezept verordnen. Unter der Voraussetzung, es handelt sich bei dem verschriebenen Präparat um ein Medikament und nicht um ein Nahrungsergänzungsmittel, kann die Krankenkasse im Einzelfall die Kosten dafür übernehmen, wenn die oben genannten Voraussetzungen erfüllt sind.

Übrigens: Ein pflanzliches oder mineralisches Präparat gilt auch in Deutschland als Medikament, wenn es in irgendeinem Land der Welt unter dem entsprechenden Namen als solches zugelassen ist. Das ist zum Beispiel für das ayurvedische Weihrauchpräparat H15 Gufic der Fall, das in Indien als Arzneimittel registriert ist. Bei bestimmten Indikationen, zum Beispiel den chronisch-entzündlichen Darmkrankheiten, bestimmten Rheumaformen oder den Gliatumoren des Gehirns, sollten die Krankenkassen und Beihilfestellen in der Kostenübernahme großzügig sein, zumal sogar verschiedene deutsche Universitätskliniken das Präparat inzwischen regelmäßig verordnen.

Was Panchakarma betrifft, die ambulante oder stationäre Intensivtherapie des Ayurveda, so erstatten einzelne private Krankenkassen – vor allem solche, die auch Ayurveda in ihren Leistungskatalog mit aufgenommen haben – einen Teil oder die vollen Kosten, wenn die Maßnahme medizinisch begründet ist.

Eine Bewertungsgrundlage hierfür bildet das so genannte „Hufeland-Leistungsverzeichnis für Biologische Medizin", eine Ausarbeitung der unterschiedlichen Therapierichtungen der Biologischen Medizin in Deutschland. Darin werden all jene Methoden und Heilansätze beschrieben, die als vernünftig gelten, sich bewährt haben und deshalb auch als erstattungswürdig erachtet werden. Ayurveda mit seinen verschiedenen Therapieformen ist hier ebenso aufgeführt wie die Methoden der traditionellen chinesischen Medizin und anderer bekannter und bewährter Naturheilverfahren. Die Kosten von Panchakarma werden nach einer Empfehlung des Hufelandverzeichnisses abgerechnet, die sich an analogen Gebührenziffern der GOÄ (Gebührenordnung für Ärzte) richtet und dem Versicherer einen Anhaltspunkt über Art und Umfang sowie Plausibilität der Behandlungen und ihrer Abrechnung gibt.

Auch im Falle von Panchakarma empfiehlt sich aber eine vorherige Rücksprache mit der Versicherung. Der behandelnde Arzt kann Sie dabei meist beraten.

Beschwerden und ayurvedische Behandlung

Beschwerden und ayurvedische Behandlung

Rheumatische Erkrankungen

Befund

**Morbus Bechterew
(Spondylitis ankylopoetica)**

Chronisch-entzündliches Rheuma, vor allem der Gelenke der Wirbelsäule. Beginnt oft schon in jungen Jahren, tritt bevorzugt bei Männern auf und fängt oft im Kreuz-Darmbein-Gelenk an. Der genetische Faktor KHLA-B27 ist im Blut nachweisbar.

Apana-Vata, Ama, Pitta Asthi

Chronische Polyarthritis

Chronisch verlaufende, entzündliche Erkrankung der kleinen und großen Gelenke mit positivem oder negativem Rheumafaktor. Betroffen sind überwiegend Frauen mittleren Lebensalters, oft im Zusammenhang mit Wechseljahren oder nach Gebärmutteroperation beginnend

Ama, Vata (Pitta, Kapha) Asthi

Ayurvedische Therapien

Ernährung — Eine vegetarische Kostform nach ayurvedischen Grundsätzen spricht ausgesprochen gut an.

Bewegungstherapie — Yoga-Asanas und Suryanamaskar halten den Körper flexibel, ebenso leichter und regelmäßiger Sport.

Ayurvedische Präparate — Weihrauchextrakte (H15® Gufic oder Sallki® Gufic); MA 930 930 Tbl., MA 130 Tbl., MA 572 Tbl., MA 574 Kps.

Panchakarma — Eine der besten und wirksamsten Anwendungen; zweimal jährlich, jeweils mindestens zwei Wochen lang.

Biorhythmen — Früh aufstehen und zeitig zu Bett gehen (am besten noch vor 22 Uhr).

Ernährung — Ayurvedisch-vegetarische Kostform. Meide Nachtschattengewächse (Kartoffel, Tomaten), koffeinhaltige Getränke. Ayurvedisches Fasten.

Bewegungstherapie — Yoga-Asanas und Suryanamaskar (soweit durchführbar) halten den Körper flexibel, ebenso und vor allem Krankengymnastik, die die zum Schwund neigende Muskulatur stärkt.

Ayurvedische Präparate — Weihrauchextrakte (H15 Gufic oder Sallaki Gufic); MA 930 Tbl., MA 130 Tbl., MA 572 Tbl., MA 574 Kps., Rizinusöl innerlich.

Panchakarma — Eine der besten und wirksamsten Anwendungen; ein- bis zweimal jährlich

Rheumatische Erkrankungen

		jeweils ein bis zwei Wochen lang (nicht im akuten Schub anwenden).
	Biorhythmen	Früh aufstehen und zeitig zu Bett gehen (am bestenn noch vor 22 Uhr), bessert sofort die Morgensteifigkeit.
	Vedische Klangtherapien	Gandharva-Veda, vor allem der Raga Bhairavi, harmonisiert auf subtiler Bewusstseinsebene und erweist sich empirisch als hilfreich.
	Entspannungstherapie	Meditative Verfahren, vor allem Transzendentale Meditation, entspannen körperlich und geistig und helfen wirksam, mögliche psychosomatische Ursachen aufzulösen.
Morbus Reiter Entzündliches Rheuma, bei dem gleichzeitig eine Entzündung in einem oder mehreren Gelenken, der Binde- oder Aderhaut des Auges und der Harnröhre auftritt. *Pitta, Apana-Vata, Ama Asthi*	**Ernährung**	Eine vegetarische Kostform nach ayurvedischen Grundsätzen spricht ausgesprochen gut an.
	Ayurvedische Therapie	Weihrauchextrakte (H15 Gufic oder Sallaki Gufic); MA 930 Tbl., MA 1130 Tbl., MA 572 Tabl., MA 574 Kps., Blasenrasayana, MA 232 Tbl., 697 Tbl..
	Panchakarma	In chronischen, schwer behandelbaren Fällen die oft entscheidende Therapie.
Kollagenosen: Sklerodermie Lupus erythematodes Die rheumatische Entzündung richtet sich autoimmun vor allem auf das Bindegewebe, wodurch Hautveränderungen, Durchblutungsstörungen, Gelenkentzündungen, Erkrankungen innerer Organe auftreten können.	**Ernährung**	– Vegetarische Kost – Allgemeine ayurvedische Essregeln beachten – Heißwasser-Trinkkur – Dosiertes und individuell abgestimmtes ayurvedisches Essen
	Ayurvedische Präparate	MA 130 Tbl., MA 930 Tbl., MA 572 Tbl., MA 574 Kps., Weihrauchpräparate (H15 Gufic oder Sallaki Gufic), MA 505 Triphala Tbl., Amrit Kalash (nach Reinigungsstherapie).

Beschwerden und ayurvedische Behandlung

Ama, Apana-Vata, Rasa-Dhatu, Pachaka-Pitta, Ranjaka-Pitta, Rakta-Dhatu, Mamsa-Dhatu, Meda-Dhatu	**Panchakarma**	Außerordentlich wirksam.
Fingerpolyarthrose Arthrose der kleinen Gelenke der Hand (Fingerend- und/oder Mittelgelenke, auch Daumengrundgelenk). Tritt bevorzugt bei Frauen in den Wechseljahren auf.	**Lokale Anwendung**	Abends vor dem Schlafengehen die Hände 5 Minuten mit ayurvedischem Gelenköl (MA 628) einmassieren, anschließend die Hände 5 Minuten lang in gut warmem Salzwasser baden (gesättigte Salzlösung: so viel Kochsalz oder Meersalz zufügen, bis sich das Salz im Wasser nicht mehr löst).
Udana-Vata Asthi	**Ayurvedische Präparate**	MA 209 Arthrosetabletten.
	Ernährung	Allgemeine ayurvedische Essregeln beachten, Ghee zum Kochen verwenden, Vata erhöhende Nahrung meiden.

Vegetative Störungen und seelische Erkrankungen

Befund	Ayurvedische Therapien	
Schlafstörungen Der Schlaf kann aus den unterschiedlichsten Gründen gestört sein. Häufige Gründe für Ein- und Durchschlafstörungen sind falsche Ernährung, nervliche Belastung, berufliche und private Sorgen oder ein ungesunder Schlafplatz. Auch organische Ursachen müssen bei der Therapie beachtet werden, zum Beispiel die Schilddrüsenüberfunktion, ein hoher Blutdruck oder Wechseljahrbeschwerden.	**Ernährung**	– Frühes Abendessen mit leichter Kost ohne tierisches Eiweiß, Zwischenmahlzeiten vermeiden, mittags die Hauptmahlzeit einnehmen – Keine Stimulanzien zu sich nehmen (Koffeinhaltige Getränke, Alkohol)
	Biorhythmen	Vor 22 Uhr zu Bett gehen, da danach die Wachheit wieder zunimmt und Energie frei wird, die für Regeneration gedacht ist.
	Verhalten	Den Abend mit entspannenden Tätigkeiten ausklingen lassen und aufregende Tätigkeiten meiden.

Vegetative Störungen und seelische Erkrankungen

Prana-Vata *(Pitta, Kapha, Ama)*	**Ayurvedische Präparate**	Nidratabletten, MA 4225 und MA 426 Assava Nervensaft, bei trägem Stoffwechsel und Verschlackung MA 505 Triphalatabletten.
	Vedische Klangtherapien	Gandharva-Veda Musik, 5–10 Minuten vor dem Schlafengehen still und aufmerksam hören (sehr wirksame Therapie!).
	Entspannungstherapie	Vedische Entspannungsverfahren, vor allem Transzendentale Meditation, helfen Stress zu verarbeiten und das seelische Gleichgewicht wieder zu finden. Bei Schlafstörungen sehr bewährt und wissenschaftlich dokumentiert!
	Aromatherapie	Nidra Aromaöl oder Vata Aromaöl.
	Kräutertees	Vata-Tee.
Angst, Nervosität, innere Unruhe Nervöse Störungen, innere Unruhe und Ängste sind meist Ausdruck nervenschwächender Lebensweise oder die Folge leidvoller psychischer Belastungen aus der Vergangenheit. *Prana-Vata, Apana-Vata*	**Ärztliches Gespräch**	Mögliche seelische Ursachen besprechen, Strategien zur Lösung entwickeln.
	Entspannungstherapie	Transzendentale Meditation gilt im wisssenschaftlichen Vergleich als wirksamste Entspannungsmethode gegen Angst.
	Ayurvedische Präparate	Vata Balance Tabletten.
	Vedische Klangtherapien	Gandharva-Veda beruhigt den Geist und verringert wirksam Angst. Das Hören von Sama-Veda-Rezitationen harmonisiert tiefgreifend das Nervensystem.
	Atemtherapie	Pranayama ist unmittelbar wirksam, auch bei akuter Angst (5–10 Minuten im Sitzen.

Beschwerden und ayurvedische Behandlung

	Aromatherapie	Vata Aromaöl (vom Taschentuch inhalieren).
	Kräutertees	Vata Tee.
	Bewegungstherapie	Yoga-Asanas, regelmäßig ausgeübt, stärken das vegetative Nervensystem.
	Verhalten	Regelmäßiger Morgen- und Abendspaziergang beruhigt und stärkt die Nerven.
	Biorhythmen	Für ausreichend Schlaf sorgen, früh zu Bett gehen (erholsamster Schlaf ist vor Mitternacht).
Sucht, Drogenabhängikeit Raucherentwöhnung Süchte entstehen durch die vermeintliche Erfüllung eines tiefen Grundbedürfnisses nach Liebe, Glück und Geborgenheit durch die Droge. Da in Wirklichkeit aber das eigentliche Ziel nicht erreicht wird, entsteht aus der Suche eine Sucht. *Sadhaka-Pitta, Ama, Ranjaka-Pitta, Prana-Vata, Tarpaka-Kapha*	Entspannungstherapie	Transzendentale Meditation erweist sich in zahlreichen Studien als spontan und außergewöhnlich wirksam bei Nikotin-, Alkohol- und Drogenabusus. Der Meditierende findet in sich selbst das, was er in der Droge sucht.
	Ernährung	– Regelmäßige, ausgewogene Mahlzeiten – Allgemeine ayurvedische Essensregeln beachten – Heißwassser-Trinkkur – Frische Obstsäfte tagsüber trinken
	Panchakarma	Außerordentlich effektiv, Entwöhnung fällt in der Regel mit Beginn der Therapie leicht, intensive, aber angenehme Entgitung in relativ kurzer Zeit.
	Ayurvedische Präparate	Ama-clean Tbl., Amrit Kalash, MA 579 Tbl., Leberrasayana Tbl./Sirup, Vata-Balance Tbl.
	Biorhythmen	Schlaf-Wachrhythmus strikt einhalten.
	Bewegungstherapie	Yoga-Asanas, Suryanamaskar, regelmäßiger, typgerechter Sport.

Vegetative Störungen und seelische Erkrankungen

Vedische - Klangtherapie	– Sama-Veda-Rezitationen hören (regeneriert und besänftigt Nervensystem – Gandharva-Veda Musik beruhigt und entspannt, führt den Geist auf feinere Ebenen des Glücks – Rik-Veda 9. Mandala Rezitation hören, fördert den Fluss von Soma (Ojas) und verbessert die Integration von Geist und Körper
Hausmittel	– Ingwertee mit Zitrone: – 5 Scheiben Ingwer, 1 TL Kreuzkümmel in 200 ml Wasser auf 50 ml herunterkochen, abseien, täglich 2 Wochen lang trinken
Verhalten	Regelmäßige, aktive Beschäftigung, Verantwortung übernehmen.
Ayurvedische Massage	Täglich morgens oder nachmittags ein Ganzkörper-Abhyanga mit Sesamöl, Kokosöl (Pitta-Typ) oder medizinierten Ölen (Vata-, Pitta- oder Kapha-Öl).

Magen-Darmstörungen

Befund	Ayurvedische Therapien	
Akuter Durchfall Vorausgesetzt, es handelt sich um einen einfachen Durchfall nach verdorbenem Magen oder bei einer Sommergrippe, dann helfen bereits einfache Maßnahmen und ayurvedische Hausmittel. *Samana-Vata, Apana-Vata, Pachaka-Pitta*	**Ernährung**	Fasten oder dünne Reissuppe, bei Besserung vorsichtige Aufbaukost.
	Kräutertees	– Pitta-Tee bei Fieber oder brennenden Schmerzen – Vata-Tee bei Krämpfen – Brombeerblättertee oder schwarzer Tee gegen Durchfall
	Hausmittel	– Joghurt mit 1/4 Messerspitze Muskatpulver und 1 EL frisch gepresstem Ingwersaft vermischt essen (um Saft zu gewinnen, Ingwerwurzel schaben, durch ein Leinentuch pressen) – 1/2 Granatapfel essen

Beschwerden und ayurvedische Behandlung

	Ayurvedische Präparate	3–5 Tropfen ayurvedisches Minzöl in 1 Tasse heißes Wasser, schluckweise trinken
Übelkeit und Erbrechen Nach verdorbenem Magen, bei Magen-Darmgrippe oder nach zu fettem Essen *Pachaka-Pitta, Kledaka-Kapha*	**Ernährung Flüssigkeitszufuhr**	Fasten. In kleinen Schlucken mit 10–15 Minuten Abstand dazwischen heißes Wasser (10 Minuten gekocht).
	Ayurvedische Präparate	1 Tropfen ayurvedisches Minzöl in 1 Tasse heißes Wasser, in kleinsten Schlucken trinken oder nur daran riechen.
	Hausmittel	1 TL Ingwersaft (Wurzel schaben, durch Leinentuch pressen), 1 TL Zucker (am besten Sharkara, ayurvedischer Zucker), 5 TL Zitronensaft, 1/4 TL Asa foetida (Asienladen).
Blähungen, Völlegefühl, saures Aufstoßen Folge von Fehlverdauung durch Überessen, hektisches Essen, Zwischenmahlzeiten, zu viel Rohkost, aber auch von Organstörungen (Leber-, Galle-, Bauchspeicheldrüsenerkrankungen) und Störungen der Darmflora *Vata, Pachaka-Pitta, Ranjaka-Pitta, Ama*	**Ernährung**	– Zwischenmahlzeiten strikt meiden, auch kein Obst zwischendurch essen – Blähende Speisen meiden: Lauch, Kohl, Zwiebel, Kraut, Rohkost, viele Früchte, grobes und frisches Vollkornbrot – In Ruhe essen, nicht lesen oder fernsehen dabei – Gut kauen, keine kalten oder kohlensäurehaltigen Getränke zum Essen – Die allgemeinen ayurvedischen Essensregeln beachten – Heißwasser-Trinkkur durchführen – Gewürz-Lassi zu den Mahlzeiten trinken (stärkt die Darmflora) – In schweren Fällen: ayurvedisches Reissuppenfasten
	Ayurvedische Präparate	MA 154 Tbl., MA 685 Pulver, MA 320 Tbl. (Übersäuerung).
	Hausmittel	– Ingwercocktail mittags und abends:

Magen-Darmstörungen

		1 EL Ingwersaft (Wurzel schaben, durch Leinentuch pressen), 1 TL Honig, 1 Prise Steinsalz, 1 TL Zitrone, 1 Gläschen Obst- oder Gemüsesaft mischen – Fenchel-, Anis-, Kardamomfrüchte nach dem Essen kauen
	Ayurvedische Tees	– Vata-Tee (Blähungen) – Pitta-Tee (Übersäuerung) – Fenchel-, Kümmel-, Anis- oder Ajuwan-Tee (oder kombiniert)
	Ayurvedische Gewürzmischungen	Vata-Churna.
Verstopfung Normaler Stuhlgang im ayurvedischen Sinne ist morgens, vor dem Frühstück, gut geformt, normale braune Farbe, idealerweise (fast) ohne Toilettenpapierbedarf. Pitta-Typen haben oft – was auch noch als normal gilt – nachmittags einen zweiten Stuhlgang. *Apana-Vata, Ama*	**Ernährung**	– Die allgemeinen ayurvedischen Essensregeln beachten – Heißwasser-Trinkkur – Schokolade, Süßigkeiten, Weißmehlprodukte vermeiden – Ausreichend trinken – Lassi zu den Mahlzeiten – Ghee und Pflanzenöle verwenden
	Ayurvedische Präparate	MA 154 Tbl., MA 505 Tbl., Amrit Kalash MA 4.
	Ayurvedische Tees	Vata-Tee.
	Hausmittel	1 EL Olivenöl mit einigen Tropfen Zitrone zur Nacht.
	Biorhythmen	– Morgens, gleich nach dem Aufstehen, 1 Glas Wasser trinken (regt den Magen-Dickdarmreflex und damit den Stuhlgang an) – Morgens den Tag zeitig beginnen (4–6 Uhr ist die biologische Ausscheidungszeit, später wird Stuhlgang schwieriger). Sich Zeit nehmen für Stuhlgang, den Darm an diese Zeit gewöhnen.

Beschwerden und ayurvedische Behandlung

	Körperstellung	Hocksitz aus dem Yogasystem: in Hockstellung einige Minuten kauern, dabei die Arme ausgestreckt auf den Knien auflegen, die Fersen am Boden halten.
	Psyche	Begeisterung für das Leben entwickeln.
Darmpilz, Darmflora	**Ernährung**	– Zwischenmahlzeiten streng vermeiden – Allgemeine ayurvedische Essensregeln strikt beachten – Heißwasser-Trinkkur Keine Süßigkeiten und Hefeprodukte essen – Lassi zu den Mahlzeiten – Ingwertee nach den Mahlzeiten
Durch falsche Ernährung oder in Folge von Antibiotikatherapien kann es zu einer Verschiebung des natürlichen Gleichgewichts der über 400 in Symbiose lebenden Bakterien von Dünndarm und Dickdarm kommen. Oft verringern sich dabei die Milchsäure vergärenden Lactobazillen und Bifidobakterien, die eine Schlüsselfunktion innerhalb der Darmflora einnehmen. Die in kleiner Menge natürlich vorhandenen Pilzarten des Darmes können überhand nehmen und zu erheblichen Beschwerden führen: Nahrungsmittelunverträglichkeiten, Blähungen, Hauterkrankungen und andere Gesundheitsstörungen.	**Ayurvedische Präparate**	MA 685 Pulver mit Lassi, Digest spezial Tabl. mit Lassi.
	Hausmittel	5 Scheiben Ingwerwurzel und 1 TL Kreuzkümmel in 200 ml Wassser auf 50 ml herunterkochen, bis zu vier Wochen lang vor dem Mittag- und Abendessen trinken.
	Panchakarma	Bastis (Einläufe) und Virechana (Abführen) in Verbindung mit den übrigen Reinigungsmaßnahmen stärken Verdauungsfeuer und Flora nachhaltig.
Ama, Pachaka-Pitta, Ranjaka-Pitta, Apana-Vata, Rasa-Dhatu		

Kopfschmerzen

Morbus Crohn und Colitis ulcerosa	Ernährung	Ausgewogene Ernährung, allgemeine ayurvedische Essensregeln beachten
Chronisch-entzündliche Darmerkrankungen, müssen oft parallel schulmedizinisch behandelt werden.	Entspannungstherapie	Transzendentale Meditation, hilft mögliche psychosomatische Ursachen aufzulösen, unterstützt die Selbstheilungskräfte.
Samana-Vata, Apana-Vata, Pitta	Ayurvedische Präparate	MA 3174 Tbl., MA 323 Paste, Weihrauchpräparate (H15® oder Sallaki® Gufic Tbl.).
	Vedische Klangtherapien	Gandharva-Veda abends vor dem Schlafengehen beruhigt und entspannt das vegetative Nervensystem.

Kopfschmerzen

Befund

Ayurvedische Therapien

Spannungskopfschmerz und Migräne

Es gibt zahlreiche Arten und Ursachen von Kopfschmerzen. Häufig sind blockierte Halswirbel (C2 und/oder C1), Ama (Verdauungstoxine) und Stressfaktoren ausschlaggebend. Bei echter Migräne ist eine längere Behandlung, vor allem auch diätetisch und psychosomatisch, erforderlich.

Spannungskopfschmerz: Udana-Vata, Prana-Vata, Tarpaka-Kapha, Asthi

Migräne: Ranjaka-Pitta, Pachaka-Pitta, Ama, Udana-Vata

Ernährung	Ausgewogene Ernährung, allgemeine ayurvedische Essensregeln beachten, vor allem abends kein tierisches Eiweiß essen.
Entspannungstherapie	Transzendentale Meditation sehr wirksam, hilft mögliche psychosomatische Ursachen aufzulösen, unterstützt die Selbstheilungskräfte.
Ayurvedische Präparate	MA 505 Triphala Tbl. abends (Verstopfung, Ama), MA 104 Tbl. (Migräne), MA 264 Tbl. oder MA 332 Tbl. (Spannungskopfschmerz).
Vedische Klangtherapien	Gandharva-Veda Musik bei sich ankündigenden Beschwerden und zur Vorbeugung abends vor dem Schlafengehen.
Panchakarma	Bei chronischen, therapieresistenten Kopfschmerzen und Migräne ist vor allem Nasya die Therapie der Wahl.
Aromatherapie	– Vata-Aromaöl bei stressbedingten

Beschwerden und ayurvedische Behandlung

	Kopfschmerzen – Pitta-Aromaöl bei Migräne und Clusterkopfschmerz – Kapha-Aromaöl bei dumpfen Kopfschmerzen, zum Beispiel nach Völlerei, bei starkem Ama, bei Nebenhöhlenkopfschmerz mit Verschleimung
Colortherapie	Blaue Farbe bei Migräne, Grün bei Kopfschmerz als Folge nervlicher Überanstrengung.
Hausmittel	Warmes Fußbad.
Lokale Anwendung	Sanftes Abhyanga des Nackens bei Spannungskopfschmerz, anschließend feucht-warme Kompresse.

Herz-Kreislaufstörungen

Befund

Nervöse Herzbeschwerden

Herzbeschwerden, die ausschließlich in Ruhe und nicht bei körperlicher Belastung auftreten. Oft liegt ein Magnesiummangel vor (der nicht aus einer normalen Blutuntersuchung festgestellt werden kann, da der Blutspiegel von Magnesium vom Körper konstant gehalten wird, während im Gewebe bereits ein deutlicher Mangel vorhanden sein kann.
Sadhaka-Pitta, Vyana-Vata, Prana-Vata

Ayurvedische Therapien

Ernährung	Ausgewogene Ernährung, ayurvedische Essensregeln beachten, grüne Blattsalate, Rosinen, Milch, Honig, Ghee.
Hausmittel	– Rosinenwasser (1 EL Rosinen über Nacht in 1 Tasse Wasser einweichen, den Saft morgens trinken) – Galganthonig: 1 TL Honig mit 1 TL Galgantpulver (Apotheke) verrühren, zweimal täglich einnehmen
Ayurvedische Präparate	Vata-Balance Tbl., MA 229 Tbl., MA 473 Tbl., Amrit Kalash Nektar.
Vedische Klangtherapien	Gandharva-Veda Musik abends vor dem Schlafengehen oder morgens beim Erwachen.
Entspannungstherapie	Transzendentale Meditation schenkt tiefe Ruhe und hilft, die psychischen Ursachen zu lösen oder Stressfaktoren zu beseitigen.

Herz-Kreislaufstörungen

	Aromatherapie	Vata-Aromaöl, Aromaöl H (für Sadhaka-Pitta, die Gefühlsseite des Herzens).
	Verhalten	Morgen- und Abendspaziergang.
	Biorhythmen	Für ausreichend Schlaf und Erholung sorgen, zeitig zu Bett gehen.
	Lokale Anwendung	Vata-Massageöl oder Mandelöl mit dem Ballen der Hand sanft und ab über dem Brustbein verstreichen.
Niedriger Blutdruck	**Bewegungs-Therapie**	Suryanamaskar, Yoga-Asanas, regelmäßiger, typgerechter Sport.
Mögliche Ursachen: Trainingsmangel, genetische Disposition, Schwächung des Herz-Kreislauf-Systems durch Verdauungstoxine, körperliche oder psychische Überlastung, organische Herzerkrankungen u.a.	**Ayurvedische Massage**	Ganzkörper-Abhayanga mit Sesamöl, Vata-, Pitta-, Kapha-Öl, je nach Konstitutionstyp.
Vyana-Vata, Ama, Pachaka-Pitta, Mamsa-Dhatu	**Ayurvedische Präparate**	Akut: 3–5 Tropfen ayurvedisches Minzöl auf 1 Tasse (heißes) Wasser, schluckweise trinken oder auch nur an der Flasche riechen. Einige Tropfen an den Schläfen einreiben oder auf ein feuchtes Tuch geben und als Nackenkompresse anwenden.

Beschwerden und ayurvedische Behandlung

Hoher Blutdruck

Organische Ursachen wie Nierenarterienstenose, Schilddrüsenüberfunktion, Nebennierenrinden-Tumor und andere sind vergleichsweise selten. Meist handelt es sich um einen so genannten essentiellen Hochdruck, bei dem man schulmedizinisch keine Gründe erkennt.

Vyana-Vata, Prana-Vata, Apana-Vata (individuell Ama, Pitta, Kapha)

Entspannungstherapie	Transzendentale Meditation ist eine der besten ayurvedischen Methoden, solide wissenschaftliche Untersuchungen belegen die gute Wirkung bei hohem Blutdruck.
Ernährung	Vegetarische Kost, ayurvedische Ernährungsregeln beachten, vor allem abends nur leichte, eiweißfreie Mahlzeiten zu sich nehmen.
Ayurvedische Präparate	MA 102 Tbl., MA 301 Passte, MA 305 Tbl., MA 289 Tbl.
Panchakarma	Umstimmend, vor allem bei übergewichtigen Patienten, in chronischen, schwer behandelbaren Fällen die oft entscheidende Therapie.
Vedische Klangtherapien	Gandharva-Musik bei nervlich angespannten Patienten, abends vor dem Einschlafen.

Atemwegs- und Erkältungskrankheiten

Befund	Ayurvedische Therapien	
Grippaler Infekt Kann mit und ohne Fieber auftreten, typisch sind anfangs Müdigkeit, Krankheitsgefühl, Gliederschmerzen, trockene Fieberhitze oder Schwitzen, später Schnupfen, Husten, Halsschmerzen, Ohrenschmerzen. *Ama, Pitta, Kapha*	**Ernährung**	– Fasten oder ganz leichte, vegetarische Kost, Gemüsesuppen, Obst Milchprodukte meiden!
	Hausmittel	– Bei Gliederschmerz und/oder Fieber: gleich zu Beginn 1 TL Kreuzkümmelsamen, 1 TL Korianderfrüchte, 1 TL Ingwerpulver in 200 ml auf 50 ml Wasser herunterkochen. Die Hälfte zur Nacht, den Rest kalt am nächsten Morgen trinken bei Frösteln: 1 EL Süßholzwurzel und 1 EL Ingwerwurzel in 1 l Wasser 20 Minuten kochen, tassenweise bis zum Schweißausbruch trinken; hilft auch gegen trockenen Husten

Atemwegs- und Erkältungskrankheiten

	Ayurvedische Präparate	MA 290 Tbl., MA 251 Tbl., MA 1405 Tbl., MA 357 Hustensaft, MA 630 Tabl.
	Vedische Klangtherapien	Gandharva-Veda Musik im Bett hören, stärkt das Immunsystem, lindert wirksam die Beschwerden.
	Lokale Anwendung	Kopfdampfbad mit Kamille, Thymian, Lavendel, löst den Schleim, lindert Husten und Schnupfen. Anschließend feuchtes Tuch aus dem Inhalationswasser im Nacken auflegen.
	Aromatherapie	– Kapha-Aromaöl bei viel Schleim, Vata-Aromaöl bei Frösteln und Glieder schmerzen – Pitta-Öl bei Fieber und Hitze, Weihrauch oder Sandelholz zur Raumdesinfektion verräuchern
Mandelentzündung Bei eitriger Entzündung den Arzt konsultieren *Kapha, Pitta, Udana-Vata, Bhodkaka-Kapha, Ama*	**Ernährung**	Fasten oder ganz leichte, vegetarische Kost, Gemüsesuppen, Obst. Milchprodukte meiden!
	Hausmittel	– 1 TL Gelbwurzpulver (Gewürzladen) und 1 TL Salz in einem Glas warmem Wasser lösen, ddamit gurgeln – oder mit 3–5 Tropfen ayurvedischem Minzöl in warmem Wasser oder Kamillentee – oder mit 3–5 Tropfen Weihrauchöl in Salbei-Kamillentee
	Ayurvedische Präparate	MA 290 Tbl., MA 697 Tbl., Ayurimmun Tbl.

Beschwerden und ayurvedische Behandlung

Nasennebenhöhlenentzündung

Kiefer-, Stirn-, Keilbeinhöhle, Siebbeinzellen und die Hohlräume des Felsenbeines hinter dem Ohr sind die knöchernen Hohlorgane des Kopfes. Sie sorgen für gute Resonanz beim Sprechen und Singen und haben eigene Immunfunktionen. Schleim- und Eiteransammlung dort können massive Beschwerden, vor allem Schmerzen veursachen, werden aber andererseits auch oft subjektiv gar nicht bemerkt.

Kapha (Pitta) Udana-Vata, Tarpaka-Kapha, Ama

Ernährung	– Akut: Fasten oder ganz leichte, vegetarische Kost, Gemüsesuppen, Obst. Milchprodukte meiden!
	– Chronisch: die allgemeinen ayurvedischen Ernährungsregeln beachten, vor allem abends Käse und andere Milchproukte meiden
Ayurvedische Präparate	MA 290 Tbl., MA 697 Tabl., Ayurimmun Tbl., Septilin® Tbl., vorbeugend auch Amrit kalash MA4, M5 oder MA 4T.
Panchakarma	Nasya ist die Therapie der Wahl bei chronischen Beschwerden.
Lokale Anwendung	MP 16 Nasenreflexöl. Inhalation mit Kamille, Thymian, Lavendel oder ayurvedischem Minzöl.

Asthma bronchiale, chronische Bronchitis

Als Folge wiederkehrender Atemwegsinfekte, Allergie, körperlicher Überanstrengung, Staubbelastung, Nikotin, seelischer Bedrückung kommt es zum Spasmus der Bronchien mit Atemnot, mit oder ohne Schleim.

Shleshaka-Kapha, Udana-Vata, Ama, Pachaka-Pitta
Vata: Trockenheit, Bronchialspasmus herrscht vor
Kapha: Schleimbildung stark
Pitta: Entzündung, Brennen, Fieber

Ernährung	– Kein Käse, Yoghurt, Quark, Fisch, Fleisch, Wurst abends, letzte Mahlzeit spätestens 18 Uhr
	– Allgemeine ayurvedische Essensregeln beachten Heiwasser-Trinkkur
Ayurvedische Präparate	MA 251 Tbl., MA 252 Tbl. (allergische Komponente), MA 290 Tbl. (mit Sinunitis), MA 505 Tbl.
Atemtherapie	Pranayama, auch bei akutem Asthma.
Entspannungstherapie	Transzendentale Meditation in der Praxis vielfach bewährt, Studie zeigt deutlich Abnahme des Atemwiderstandes, löst Bronchialspasmus, hilft seelische Ursachen zu verarbeiten.

Hautkrankheiten

Befund

Neurodermitis

Ernährungs- und Stressfaktoren sind unter anderem ursächlich beteiligt. Die Trockenheit der Haut resultiert aus übererregtem Vata (Vyana-Vata), die Entzündung (Pitta) aus Ama (Verdauungstoxine.

Je nach Hauttyp:

Vata und Ama
Pitta und Ama
(oft vorherrschend)
Kapha und Ama
Meist Kombinationen aus den Doshas

Ayurvedische Therapien

Ernährung	– Allgemeine ayurvedische Essensregeln beachten, tierisches Eiweiß reduzieren, vor allem abends – Akut oder bei sehr ausgeprägten Erscheinungen mildes Reisfasten – Heißwasser-Trinkkur – Dünnes Lassi mittags und abends zu oder nach dem Essen (stärkt die natürliche Darmflora)
Biorhythmen	Unbedingt früh zu Bett gehen (Regeneration der Haut optimal in der Pitta-Phase der Nacht (22–2 Uhr).
Ayurvedische Präparate	MA 125 Tbl., MA 681 Pulver, MADK I (bei trockener Vata-Haut), MADK II (bei gerötet-entzündlicher Pitta-Haut), MADK III (bei kleiig-schuppiger oder Flüssigkeit absondernder Haut) auch kombiniert anwendbar.
Entspannungstherapie	Transzendentale Meditation harmonisiert das vegetative Nervensystem, unterstützt die Heilung wesentlich.
Lokale Anwendung	Neben individuell wirksamen, möglichst kortisonfreien Salben sanfte Ölmassage je nach Hauttyp mit Mandelöl, Ghee, Vata-Massageöl, Kokosöl, Pitta-Massageöl.
Lichttherapie	Sonnenbad in der Morgensonne.
Panchakarma	Lassidhara (Stirnguss mit Lassi), Abhyanga mit Ghee.
Vedische Therapien	Gandharva-Veda, vor allem Raga Megha Samaveda (direkter Bezug zur Haut) harmonisiert vegetatives Nervensystem.

Beschwerden und ayurvedische Behandlung

Warzen	**Hausmittel**	Arabisches Weihrauchöl mehrmals täglich einreiben.
Folge eines Virusinfektes bei Ama und Vata (nervöse Feuchtigkeit der Hände oder Füße, Schwächung des Immunsystems in belasteten Lebensphasen)	**Ayurvedische Präparate**	MA 697 Tbl., Septilin® Tbl., Ayurimmun Tbl.
	Lokale Anwendung	Blaulicht-Bestrahlung.
Vata, Kapha und Ama		
Herpes simplex	**Hausmittel**	– Glycerin (Apotheke) mit Zitrone zu gleichen Teilen mischen, auftragen – Rosenöl auftragen – Arabisches Weihrauchöl einreiben – 1 TL Ghee mit 1 TL Gelbwurzpulver mischen, auftragen – Aloe vera Gel auftragen
In Gruppen stehende Bläschen mit bevorzugter Lokalisation an den Hautschleimhautgrenzen, Virusinfektion		
Pitta und Ama	**Ayurvedische Präparate**	MA 697 Tbl., Septilin® Tbl., Ayurimmun Tbl., vorbeugend Amrit Kalash
	Lokale Anwendung	Blaulicht-Bestrahlung
Aphthen	**Hausmittel**	Mundspülung mit 2 Tropfen arabischem Weihrauchöl oder mit ayurvedischem Minzöl in Kamille-Salbei-Tee
Mundschleimhautaphthen sind eine Variante der Herpes-Infektion. Es bilden sich an Gaumen, Zahnfleisch oder Zungenwurzel kleine Geschwüre mit speckig-weißem Rand und rotem Grund. Eine ausgeprägte Form ist die „Mundfäule" (Stomatitis aphthosa), die bevorzugt Kinder befällt.	**Ernährung**	Kinder können oder wollen bei einer ausgeprägten Stomatitis aphthosa nichts essen, da jeder Bissen schmerzt. Raumtemperierte Milch kühlt dagegen und wird gerne getrunken, auch weiche Milchbreis.
	Ayurvedische Präparate	Ayurimmun Tbl. Vorbeugend: Amrit Kalash
Pitta und Ama		

Hautkrankheiten

Akne	**Hausmittel**	– Mit arabischem Weihrauchöl betupfen – Morgendliche Gesichtswaschungen mit kaltem Wasser
Meist in der Pubertät, aber auch beim Erwachsenen auftretende Hauterkrankung mit unterschiedlicher Ausprägung: Mitesser (Comedonen), Eiterpusteln, vernarbende Akne.	**Ernährung**	Unbedingt Schokolade, fetten Käse, Ketchup, Fastfood vermeiden. Regelmäßiges Essen, naturbelassene Nahrungsmittel verwenden, die allgemeinen ayurvedischen Essensregeln beachten – Heißwasser-Trinkkur
Je nach Akneart: *Vata, Pitta, Kapha in Verbindung mit Ama, Bhrajaka-Pitta, Ranjaka-Pitta, Udana-Vata, Apana-Vata, Pacchaka-Pitta*	**Ayurvedische Präparate**	MA 125 Tbl-. MADK I oder II oder III Tbl., oder in Kombination. MA 505 Tbl., MA 154 Tbl. bei Obstipation.
	Lokale Anwendung	– Gesichtsdampfbad mit Triphala – Sandelholzpasten – Alkalische Sandelholzseite verwenden
Abszess, Furunkel	**Ernährung**	– Vorbeugend: die allgemeinen ayurvedischen Essensregeln beachten – Schokolade, fetten Käse, Ketchup, Fastfood vermeiden – Heißwassser-Trinkkur
Mögliche Ursachen: Unreinheit des Blutes, Störung der Leberfunktion, Diabetes, Immunschwäche	**Lokale Anwendung**	– Paste aus 1 TL Gelbwurz und 1 TL Ghee auftragen – Zwiebel auflegen – Paste aus Wasser und MA 682 Pulver auftragen
Ama, Rakta, Apana-Vata, Bhrajaka-Pitta	**Ayurvedische Präparate**	MA 125 Tbl., MA 579 Tbl., MA 505 Triphala Tbl., MA 926 Tbl.
	Panchakarma	In chronischen, therapieresistenten Fällen außerordentlich reinigend und wirksam.

Beschwerden und ayurvedische Behandlung

Vitiligo (Weißfleckenkrankheit) Stoffwechselstörung, die mit einer Entpigmentierung der Haut einhergeht. Es bilden sich größer werdende weiße Flecken auf der Haut, die unter Sonneneinfluss nicht mehr bräunen, da die Pigmentzellen in der Haut fehlen oder nicht ansprechen. *Kapha und Ama, Pachaka-Pitta, Ranjaka-Pitta*	**Ernährung**	– Heißwasser-Trinkkur – Allgemeine ayurvedische Essensregeln beachten – Kapha-Nahrungsmittel meiden (Milchprodukte, Weizen) – Grüne Blattgemüse bevorzugen
	Ayurvedische Präparate	Livomap Tbl., MA 125 Tbl., MADK I und III, MA 505 Triphala Tbl.
	Lokale Anwendung	Ganzkörperölmassagen (Abhyanga)
Schuppenflechte Stoffwechselstörung, die mit silberner Schuppung und Rötung der Haut, bevorzugt an Haaransatz, behaartem Kopf, Nabel, Ellenbogenspitze, aber auch prinzipiell an allen Hautpartien einhergeht. Es kann zusätzlich oder ohne Hauterscheinungen zu Gelenkentzündungen kommen *Kapha, Pitta und Ama*	**Ernährung**	– Heißwassser-Trinkkur – Allgemeine ayurvedische Ernährungsregeln einhalten – Kapha- und Pitta-Nahrungsmittel reduzieren (Fleisch, Wurstwaren, Sauermilchprodukte) – Grünes Blattgemüse bevorzugen
	Ayurvedische Präparate	Livomap Tbl., MA 125 Tbl., MADK II und III, MA 505 Triphala Tbl., Amri Kalash MA4 oder MA4 T Tabl. (sofort wirksam), MA 367 Ghrita
	Lokale Anwendung	Ganzkörpermassagen (Abhyanga) mit Mandelöl, Pitta-Massageöl Vollbäder mit Totem Meer-Salz.
	Panchakarma	Umstimmend, reinigend.

Krankheiten der Kinder

Krankheiten der Kinder

Befund

Milchschorf

Übermäßige Ausscheidung von Fett und Talg der Säuglinge zwischen dem 3. und 9. Monat (oft auch länger anhaltend) über die Kopfhaut; Ausdruck von Verdauungsschwäche

Kapha, Pachaka Pitta, Kledaka Kapha

Ayurvedische Therapien

Ernährung	– Säuglinge, sofern sie auch aus der Flasche trinken, öfters heißes Wasser zu trinken geben (10 Minuten kochen, wie bei der Heißwasser-Trinkkur) – Kuhmilch verdünnt geben, bei Kleinkindern, die schon mitessen, Käse meiden
Ayurvedische Präparate	Für die stillende Mutter: Livomap Tbl., MA 125 Tbl., MADK III, MA 505 Triphala Tbl.
Lokale Anwendung	Den behaarten Kopf mit Sesamöl, Mandelöl, Kapha-Massageöl oder Penatenöl einmassieren, 30 Minuten einwirken lassen, dann Haare waschen (Schorf und Krusten lösen sich ab).

Befund

Polypen (Adenoide Vegetationen)

Schwellung und Wucherung der Nasenrachen-Lymphgewebe als Folge dauernder Schleimhautbelastung. Kinder sprechen näselnd, haben oft den Mund offen, atmen durch den Mund, schnarchen nachts auffallend

Kapha, Udana-Vata

Ayurvedische Therapien

Ernährung	Abends unbedingt schwer verdauliches, tierisches Eiweiß meiden, vor allem auch Milchprodukte. Tagsüber keine unnötigen Zwischenmahlzeiten (Snacks, Schokolade, Brot)
Ayurvedische Präparate	MA 290 Tbl., MA 505 Triphala Tbl., MA 5 Tbl.
Lokale Anwendung	MP 16 Nasenöl

Beschwerden und ayurvedische Behandlung

Lernstörungen Äußere und innere Ursachen sind zu beachten: Disharmonie im Elternhaus, ungesunde Ernährung, zu viel fernsehen oder am PC sitzen, schlechter Schlafplatz, Frustration und Entmutigung in der Schule oder auch Unterforderung bei Hochbegabten *Prana-Vata, Sadhaka-Pitta*	**Ernährung**	Ausgewogene, vitaminreiche Kost, regelmäßige Mahlzeiten, allgemeine ayurvedische Essensregeln beachten.
	Ayurvedische Präparate	MA 724 Tbl., MA 674 Sirup, MA 230 Tbl.
	Entspannungstherapie	Transzendentale Meditation sehr bewährt (wissenschaftliche Studien zeigen deutliche Verbesserungen schulischer Leistungen, Konzentrationsfähigkeit, Intelligenzwachstum, Gedächtnis).
	Biorhythmen	Abends früh zu Bett, wenig Fernsehen.
	Vedische Klangtherapie	Gandharva-Veda abends vor dem Einschlafen (beruhigt, balanciert die Doshas, stärkt die emotionale Intelligenz).
	Verhalten	Den Lerntyyp des Kinden bestimmen: – Vata-Typ lernt schnell, lernt akustisch, vergisst schnell, schweift leicht ab – Pitta-Typ hat scharfen Intellekt, lernt optisch, braucht Bilder und Anschauungsmaterial, ist emotional ablenkbar (Entmutigung, Ärger, Ungerechtigkeit) – Kapha-Typ lernt langsam, behält aber lange im Gedächtnis, braucht praktische Beispiele. (Ausführliche Darstellung der Kinder-Lerntyypen in: E. Schrott, Ayurveda – Das Geheimnis Ihres Typs, Goldmann-TB, 2003)
Appetitlosigkeit Essunlust Häufiger Grund: Zwischendurch naschen und essen (kleine Snacks, Obst, Süßigkeiten etc.; man beachte dabei auch versteckte Naschereien (Brezeln, Schokolade,	**Ernährung**	Fasten: Zwischenmahlzeiten lassen, eine Mahlzeit völlig auslassen, abends nur leicht Verdauliches essen, gut gewürzte, schmackhafte, appetitanregende Suppen oder einen Tag oder eine Mahlzeit nur Obst.
	Ayurvedische Präparate	MA 154 Tbl. mit Lassi, MA 505 Tbl.

Krankheiten der Kinder

süße Limonaden) durch verwöhnende Großeltern. Ansonsten psychische Ursachen (Kummer, Trauer, Streitigkeiten der Eltern etc.) und körperliche Ursachen ausschließen (Kinderarzt, Hausarzt). Auf mögliche Stuhlverstopfung achten!

Apana-Vata, Prana-Vata, Sadhaka-Pitta

Ayurvedische Tees Kapha-Tee, Digest-Tee.

Einnässen

Wenn keine organischen Ursachen vorliegen, was bei Kleinkindern in der Regel meist nicht der Fall ist, dann gibt es seelische Gründe: unbewusstes Gefühl des Kindes, vernachlässigt zu sein, gegenüber einem nachkommenden Geschwister nur noch an zweiter Stelle zu stehen oder eine vermeintliche oder wirkliche zu hohe Erwartungshaltung von Seiten der Eltern.

Apana-Vata, Prana-Vata, Sadhaka-Pitta

Verhalten	Abends nur noch kleine Flüssigkeitsmenge trinken lassen, Harn treibende Nahrungsmittel vermeiden (Reis, Obst, Apfelsaft, Spargel, Sellerie, wässrige Gemüse).
Ayurvedische Präparate	MA 2 Tabl., Vata-Balance Tbl.
Vedische Klangtherapie	Gandharva-Veda Musik, einige Minuten abends vor dem Schlafengehen
Verhalten der Eltern	Keinen Druck ausüben, nach dem Einnässen Moralpredigten strikt meiden, auf den natürlichen Vorgang des Harnlassens verweisen. Dem Kind Vertrauen und Zuversicht vermitteln, ihm zeigen, dass man es liebt, ganz unabhängig, ob es einnässt oder nicht. Abends vor dem Einschlafen bewusst Zeit mit ihm verbringen, reden, zuhören, auf die Sorgen des Kindes eingehen.

Beschwerden und ayurvedische Behandlung

Stoffwechselkrankheiten

Befund

Diabetes mellitus

Jugendlicher Diabetes Typ I und sedundärer Altersdiabetes Typ II. Genetische Faktoren, exzessiver mentaler Stress und Überernährung sind die häufigsten Ursachen.

Kapha, Vata, Ama, Meda, Ranjaka-Pitta

Ayurvedische Therapien

Ernährung	– Ausgewogene, vitaminreiche Kost, regelmäßige Mahlzeiten – Bei Altersdiabetes, die nicht Insulin bedarf, keine Zwischenmahlzeiten essen! – Allgemeine ayurvedische Essensregeln beachten – Zucker und zuckerhaltige Nahrungsmittel meiden – Heißwasser-Trinkkur – Leichte, eher trockene, warme Nahrung mit bitterer, scharfer und herber Geschmacksrichtung. Bockshornkleesamen (als Pulver 1 TL), Gelbwurz, Hafer, Gerste, kein Weizen, grüne Blattsalate, Bitterstoffe, bittere Gemüse und Salate, Spinat, bittere und adstringierende Früchte wie Granatapfel, Grapefruit, Äpfel
Ayurvedische Präparate	MA 471 Tbl., MA 1407 Tbl., MA 579 Tbl., MA 505 Triphala Tbl.
Ayurvedische Tees	Kapha-Tee, Digest-Tee.
Ayurvedische Gewürzmischungen	Kapha-Churna.
Bewegungstherapie	Yoga-Asanas, Suryanamaskar und vor allem regelmäßiger, typgerechter Sport.
Panchakarma	Beste Therapie für alle Diabetestypen, verringert Insulinbedarf oft erheblich, verbessert allgemein den Stoffwechsel, reduziert Stressfaktoren, fördert die Regeneration.
Entspannungstherapie	Transzendentale Meditation verringert wirksam mentalen und körperlichen Stress, balanciert damit den Insulinhaushalt und unterstützt die Selbstheilungskräfte im Anfangsstadium.

Stoffwechselkrankheiten

	Biorhythmen	Im Rhythmus der Natur leben, früh zu Bett, früh aufstehen, um mit den körpereigenen Biorhythmen im Einklang zu stehen.
	Vedische Klangtherapie	Gandharva-Veda abends vor dem Einschlafen reduziert Stress, balanciert die Doshas.
Übergewicht	**Ernährung**	– Regelmäßige Mahlzeiten. Der Übergewichtige muss essen lernen, nicht fasten – Allgemeine ayurvedische Essensregeln beachten – Zucker und zuckerhaltige Nahrungsmittel meiden – Heißwasser-Trinkkur – Leichte, eher trockene, warme Nahrung mit bitterer, scharfer und herber Geschmacksrichtung. Dhals (ayurvedische Hülsenfruchtzubereitungen), Salate, Gemüse, Basmiti-Reis, Gerste, Hirse
Wenn organische Ursachen ausgeschlossen sind, falsche Ernährungsgewohnheiten, emotionale Ursachen, Veranlagung. *Kapha, Vata, Ama, Med, Pachaka-Pitta*		
	Ayurvedische Präparate	Meda I und II, MA 505 Triphala Tbl.
	Ayurvedische Tees	Kapha-Tee, Vata-Tee.
	Ayurvedische Gewürzmischungen	Kapha-Churna.
	Bewegungstherapie	Yoga-Asanas, Suryanamaskar und vor allem regelmäßiger, typgerechter Sport.
	Panchakarma	Ausgezeichnet wirksam, grundlegend umstimmend, anhaltender Effekt.
	Entspannungstherapie	Transzendentale Meditation verringert wirksam mentalen und körperlichen Stress, balanciert damit das Ernährungsverhalten, den Stoffwechsel und die hormonelle Regulation. Studien belegen den ausgleichenden Effekt auf Über- und Untergewicht.

Beschwerden und ayurvedische Behandlung

	Ayurvedische Massage	Garshan-Massage: Trockenmassage mit Seidenhandschuh aktiviert den Stoffwechsel.
	Hausmittel	Honigwasser reduziert Kapha: 1 TL auf 1 Glas raumtemperiertes Wasser, vor dem Essen trinken.

Wirbelsäulenerkrankungen

Befund

Nackenschmerzen, steifer Nacken

Angestrengtes Arbeiten vor dem PC, geistige und körperliche Fehlhaltung, Zugluft, Fernwirkung von Nasennebenhöhlenentzündungen, beherdeten Zähnen oder die Folge von Schleudertraumen sind häufige Ursachen für Nackenschmerzen und steifen Hals.

Udana-Vata, Prana-Vata, Asthi

Ayurvedische Therapien

Ayurvedische Präparate	MA 209 Tbl., Weihrauchpräparate, MA 635 Tbl.
Lokale Anwendung	Sanfte Nackenmassage mit warmem Sesamöl oder besser mit MA 628 Gelenk- und Muskelöl, anschließend feuchtwarme Kompresse.
Bewegungstherapie	Vorbeugend Yoga-Asanas, Suryanamaskar und vor allem regelmäßiger, typgerechter Sport, ggf. Krankengymnastik.
Panchakarma	Nasya bei chronischen Beschwerden.
Entspannungstherapie	Transzendentale Meditation verringert wirksam mentalen und körperlichen Stress, entspannt die Muskulatur, löst mentale Ursachen (Angst, unbewusste Anspannung).
Vedische Klangtherapie	Gandharva-Veda löst muskuläre Spannungen.

Wirbelsäulenerkrankungen

Kreuzschmerzen

Häufigste Ursachen: Fehlhaltung, Verheben, sitzende Arbeit, lange Autofahrten, Bandscheibenschäden, Wirbelblockierungen, Verdauungsstörungen, Unterleibserkrankungen. Auf regelmäßigen Stuhlgang und Körpergewicht ist zu achten.

Apana-Vata, Asthi, Tarpaka-Kapha

Ayurvedische Präparate	MA 209 Tbl., Weihrauchpräparate, MA 635 Tbl., Ma 154 Tbl., Ma 505 Tbl.
Lokale Anwendung	Sanfte Rückenmassage mit warmem Sesamöl oder besser mit MA 628 Gelenk- und Muskelöl, anschließend feucht-warme Kompresse.
Bewegungstherapie	Vorbeugend Yoga-Asanas, Suryanamaskar und vor allem regelmäßiger, typgerechter Sport, ggf. Krankengymnastik.
Panchakarma	Wirksam bei chronischen Beschwerden.
Entspannungstherapie	Transzendentale Meditation verringert wirksam mentalen und körperlichen Stress, entspannt die Muskulatur, löst psychische Ursachen.
Ernährung	– Allgemeine ayurvedische Essensregeln beachten – Heißwasser-Trinkkur
Vedische Klangtherapie	Gandharva-Veda löst muskuläre Verspannungen.

Beschwerden und ayurvedische Behandlung

Allergien

Befund

Pollenallergie

Ursache allergischer Krankheiten aus ayurvedischer Sicht ist ein Mangel an Ojas, das als feinstoffliche Grundlage für ein gesundes Immunsystem gilt. Fehlt Ojas oder wird es unzureichend gebildet, dann fehlt der Schutz an den Grenzflächen des Körpers, der Haut und den Schleimhäuten und schon geringe Reize wirken provokativ und führen zu einer überreizten Reaktion des Immunsystems, die wir Allergie nennen. Die Ursache für den Mangel an Ojas ist eine Störung von Agni, dem Stoffwechselprinzip des Organismus. Es entsteht Ama als „Ersatz" für Ojas. Ernährungsfaktoren, Umwelteinflüsse, psychische Faktoren spielen hier herein. Bei Hausstaubmilben-Allergie ist es erforderlich, für milbenfreie Bettwäsche und Einrichtung des Wohnbereichs zu sorgen.

Kapha, Ama, Udana-Vata, Bhodaka-Kapha (Pitta, Bhrajaka-Pitta)

Ayurvedische Therapien

Ernährung	– Ayurvedisches Fasten im Frühjahr noch vor Beginn des Pollenfluges – Vorbeugend und während der Saison: Allgemeine ayurvedische Essensregeln beachten. Unbedingt Zwischenmahlzeiten vermeiden – Heißwasser-Trinkkur – Kapha-reduzierte Nahrungsmittel bevorzugen: trocken, leicht, scharf, bitter, herb, Salate, Gemüse, Obst, Lassi, Dhals, Basmati-Reis, Ghee, Honig, Mandeln, Frühjahrskräuter und bittere, herbe Gewürze
Ayurvedische Präparate	MA 252 Tbl., MA 1406 Tbl., vorbeugend Amrit Kalash (durch klinische Studie belegt), MA 505 Triphala Tbl.
Hausmittel	Gelbwurz-Honig-Wasser (1 TL Gelbwurzpulver und 1 TL Honig mit 1 Glas Wasser, dreimal tägl. trinken).
Panchakarma	Sehr wirksam, vor allem vorbeugend vor der Saison und bei chronischen Beschwerden.
Entspannungstherapie	Transzendentale Meditation löst psychische Ursachen, verbessert das Immunsystem, verringert Allergien (in klinischen Studien belegt).
Ayurvedische Tees	– Kapha-Tee bei Juckreiz, Verschleimung, Müdigkeit – Pitta-Tee bei Brennen, Gereiztheit
Aromatherapie	Kapha-Aromaöl, Pitta-Aromaöl.
Lokale Anwendung	Bei Augenbrennen: 1 Tropfen Ghee in den inneren Augenwinkel einbringen. Bei Schnupfen: MP 16 Nasenöl, Ghee, Kapha-Aromaöl inhalieren.

Augenkrankheiten

Augenkrankheiten

Befund

Kurz- und Weitsichtigkeit

Die Sehkraft kann altersbedingt oder auch aufgrund von Krankheiten nachlassen. Aber auch die Überanstrengungen der Augen, vor allem lange Bildschirmarbeit, Lesen bei unzureichendem Licht und nervliche Belastungen und ein schwaches Agni, Verdauungsfeuer, führen bei entsprechender Veranlagung unter Umständen zur Verschlechterung der Sehkraft. Auch ein Mangel an Betakarotin, das in vielen Gemüsen enthalten ist, kann die Augen schwächen.

Alocaka-Pitta, Ranjaka-Pitta, Sadhaka-Pitta, schwaches Agni, Tarpaka-Kapha (kühlt und befeuchtet die Augen), Prana-Vata (Sorgen und mentaler Stress trocknen aus und schwächen)

Ayurvedische Therapien

Ernährung	– Allgemeine ayurvedische Essensregeln beachten – Grüne Blattgemüse und Karotten, süße, saftige Früchte, Gelbwurz, Kreuzkümmel, Bockshornklee, Koriander
Ayurvedische Präparate	Amalaki-Produkte (zum Beispiel MA 1), MA 550 Ghrita, MA 505 Triphala Tbl.
Hausmittel	Bei überanstrengten Augen: Ghee auf die Lider streichen.
Panchakarma	– Nasya sehr wirksam, Sehkraft kann spürbar zunehmen – Netra Tarpana: Augenbad in Ghee
Entspannungstherapie	Transzendentale Meditation regeneriert das Nervensystem, entspannt die Augenmuskeln.
Lokale Anwendung	– Palmieren: 5–10 Minuten die vorher aneinander geriebenen Hände auf die in das Dunkel der Hände blickenden Augen hohl auflegen – Yoga für die Augen: sanfte Bewegungs- und Muskelentspannungsübungen für die Augen – Mit den Händen essen, anschließend Finger waschen und mit den noch leicht fettigen Fingern über die Lider streichen – Die Mittelfinger auf die Augenlider legen und sanft einwärts und auswärts streichen (1–2 Minuten abends vor dem Einschlafen und morgens vor dem Aufstehen) – Die Augen mit reinem Wasser (leicht kühler als Raumtemperatur) spülen, dabei etwas Wasser auch im Mund behalten. Sobald sich dieses erwärmt hat, wieder frisches Wasser in den Mund nehmen, auf diese Weise insgesamt 10 Minuten einmal täglich spülen

Beschwerden und ayurvedische Behandlung

	Verhalten	Nicht im Bett lesen, nicht bei schwachem Licht arbeiten
	Colortherapie	Kurzsichtigkeit: In das Blau des Himmels blicken Weitsichtigkeit: In rote Flächen blicken Überanstrengte Augen: In das Grün der Natur blicken
Augenbindehautentzündung Bei Allergie, Überanstrengung der Augen, nach Zugluft, bei Infektion, nach Rauch oder Staub, bei chronischem Alkoholmissbrauch oder als Begleitsysmptom z.B. rheumatischer Krankheiten kann es zu Rötung, Brennen, Jucken oder sogar Eiterung der Augenbindehaut kommen. Bei eitriger Entzündung müssen oft antibiotische Augentropfen oder Salben angewendet werden. *Alocaka-Pitta, Ama*	**Ayurvedische Präparate**	Innerlich MA 5 Tbl., MA 697 Tbl. (bei Infektion), MA 252 Tbl., MA 1406 (bei Allergie).
	Lokale Anwendung	Bei Rötung und Reizung ohne Eiter: 1 Tropfen Ghee in den inneren Augenwinkel einbringen.
	Hausmittel	Bei überanstrengten Augen: Ghee auf die Lider streichen.
	Verhalten	Regelmäßige Sehpausen bei Arbeit am PC, bei anhaltender Naharbeit.
	Ernährung	Bei Anfälligkeit saure Nahrungsmittel, Zwiebel und Lauchgemüse meiden.

Erkrankungen der Harn- und Geschlechtsorgane

Befund	Ayurvedische Therapien	
Reizblase Bei Nervosität, Ängsten oder nach Unterkühlung häufiges Wasserlassen, brennende Schmerzen in der Blase oder Harnröhre *Apana-Vata, Prana-Vata*	**Ayurvedische Präparate**	MA 3 Tabl., Vata-Ballance Tbl.
	Lokale Anwendung	– Lokale Wärme – Einreibung mit Sesamöl oder Mandel-, Johanniskraut-, Rizinusöl – Warmes Fußbaad mit Lavendel, Hopfen, Baldrian
	Hausmittel	– Sandelholzwasser: 1 TL Sandelholzpulver in 1 Glas Wasser 3–4 Stunden

Erkrankungen der Harn- und Geschlechtsorgane

		stehen lassen, abends vor dem Schlafengehen trinken – Koriandertee: 1 TL auf 1 große Tasse, 5 Minuten ziehen lassen, 2–3 Tassen pro Tag
	Verhalten	Geistig-seelische Ursachen klären.
	Ernährung	– Warmes, ausgewogenes Essen; Rohkost und Obst nur in Maßen Heißwasser-Trinkkur
	Entspannungstherapie	Transzendentale Meditation hilft, psychische Ursachen zu lösen, baut Stress ab und stärkt das vegetative Nervensystem.
	Vedische Klangtherapie	Gandharva-Veda Musik balanciert in wenigen Minuten die Doshas, beruhigt und harmonisiert das vegetative Nervensystem.
	Biorhythmen	Schlaf-Wachrhythmus regulieren.
Wiederkehrender Harnwegsinfekt Trotz oder unter Umständen auch wegen Antibiotikatherapie kommt es zu einer Entzündug von Blase, Harnwegen oder Nieren, wobei im Urin meist Krankheitserreger zu finden sind. *Apana-Vata, Ama, Pachaka-Pitta*	**Ayurvedische Präparate**	MA 2 Tbl., MA 232 Tbl., MA 5 Tbl., MA 4T Tbl., MA 4 Paste, MA 697 Tbl.
	Lokale Anwendung	– Lokale Wärme – Einreibung mit Sesamöl – Warmes Fuß- oder Sitzbad mit Zinnkraut, Kamille
	Verhalten	Geistig-seelische Ursachen klären
	Ernährung	Allgemeine ayurvedische Essensregeln beachten.
	Biorhythmus	Schlaf-Wachrhythmus regulieren.

Beschwerden und ayurvedische Behandlung

Prostatavergrößerung

Mit zunehmendem Alter des Mannes Gewebeumwandlung und Vergrößerung der Vorsteherdrüse, was zu schwächerem Harnstrahl, unvollständiger Entleerung der Harnblase und häufigerem Wasserlassen, auch nachts, führt.

Apana-Vata, Shukra

Ayurvedische Präparate	MA 235 Tbl., MA 1595 Tbl.
Verhalten	– Bei vorwiegend sitzender Tätigkeit Pausen mit körperlicher Bewegung einschalten – Unterleib warm halten – Für regelmäßigen Stuhlgang sorgen
Ernährung	– Allgemeine ayurvedische Essensregeln beachten – Kürbiskerne

Menstruationsbeschwerden

Zu starke, schwache oder ausbleibende Blutungen oder unregelmäßige Menstruation oder Schmerzen und Beschwerden vor und während der Menstruation. Aus ayurvedischer Sicht spielen *Rasa*, das erste und *Rakta*, das zweite, neben Shukra, dem siebten Körpergewebe, eine gewichtige Rolle für den Vorgang der Menstruation. Innerhalb der Subdoshas ist hauptsächlich Apana-Vata aktiv. Ruhe vor und während der Menstruation (Vata beruhigen) und mehr flüssige Nahrung 1–3 Tage vor Beginn (erleichtert die Bildung von Rasa) erleichtern die Regelblutung.

Apana-Vata, Rasa, Rakta, Shukra

Ernährung	– Flüssige Speisen 1–3 Tage vor der Mens – Allgemeine ayurvedische Essensregeln beachten – Heißwasser-Trinkkur – Blähende Speisen meiden
Ayurvedische Therapie	Frauenrasayana Tbl., MA 690 Tbl., MA 242 Pulver (bei zu starker oder langer Blutung), MA 244 Tbl. (bei Schmerzen vor und während der Mens)
Verhalten	– Vermehrt Ruhe vor und während der Regel einhalten – Keine Yoga-Asanas durchführen – Kein anstrengender Sport – Heiße Vollbäder meiden
Lokale Anwendung	– Warmes Fußbad bei schwacher oder schmerzhafter Regel – Sanftes Bauchabhyanga mit anschließender feucht-warmer Kompresse bei Unterleibskrämpfen – Füße mit Ghee einreiben
Aromatherapie	Vata-Aromaöl, Smooth cycle-Öl.
Vedische Klangtherapie	Gandharva-Veda Musik entspannt und löst Unterleibskrämpfe, vor allem

	Ayurvedische Tees	– Vata-Tee entkrampft – Pitta-Te bei starker Regel – Hibiskusblüten-Tee bei zu starker oder anhaltender Blutung
	Hausmittel	– Ingwertee erwärmt, entkrampft den Unterleib und erleichtert den Durchbruch der Regel – Tee aus Baldrian, Kamille, Pfefferminze beruhigt und entkrampft

Weißfluss

Fluor albus, Weißfluss, kann bei Scheideninfektion, Hormonstörungen oder ohne erkennbaren Befund auftreten.

Kapha, Apana-Vata, Shukra-Dhatu

	Ernährung	– Allgemeine ayurvedische Essensregeln beachten – Käse und Milchprodukte meiden Heißwasser-Trinkkur
	Ayurvedische Präparate	MA 347 Tbl., Frauenrasayana Tbl.
	Hausmittel	Reiswasser: 4–5 TL gereinigten Reis in 1 Tasse kaltes Wasser über Nacht stehen lassen, abfiltern, leicht erwärmen, ab dem 5. Tag der Mens 2 Wochen lang täglich morgens 1 Tasse trinken

Wechseljahrbeschwerden

Im Rahmen der hormonellen Umstellung und des Übergangs in die dritte Lebenshälfte können typische Beschwerden auftreten: Hitzewallungen, psychische Labilität, Schlafstörungen, Gelenkbeschwerden, Herzklopfen, Trockenheit von Schleimhäuten. Wechseljahrbeschwerden sind vor allem Vata- und Pitta-Störungen.

Pitta, Vata, Shukra-Dhatu, Vyana-Vata, Udana-Vata, Shleshaka-Kapha

	Ernährung	– Pitta- und Vata verringernde Kost: Scharfes, Saures und Salziges reduzieren, blähende Speisen meiden – Allgemeine ayurvedische Essensregeln beachten – Lassi und Milch, Ghee, frisches Obst und Gemüse, Vollkornprodukte
	Ayurvedische Präparate	Midlife I und II, Calcio-Care Tbl.
	Ayurvedische Tees	– Pitta-Tee (Hitzewallung) – Vata-Tee (Nervosität, Unruhe)
	Ayurvedische Massage	– Abhyanga möglichst täglich (Seesamöl, Pitta-Öl, Mandelöl, Vata-Öl)

Beschwerden und ayurvedische Behandlung

	Bewegungs-therapie	– Wandern in schöner Natur – Yoga-Assanas, Suryanamaskar, typgerechter Sport – Morgenspaziergang (nimmt die Kräfte der Jugend der Natur auf)
	Biorhythmen	Früh zu Bett, früh aufstehen.
	Verhalten	Zeit nehmen, Wünsche erfüllen, zu sich kommen.
	Entspannungs-therapie	Meditation und Kontemplation

Sexualstörungen

Befund

Nachlassende Sexualkraft

Hormonelle Störungen, geistige oder körperliche Erschöpfung, hohes Lebensalter und Sorgen können zum Nachlassen der Sexualkraft führen. Wichtig ist, die Ursache zu erkennen und zu beheben. Im Ayurveda steht Shukra, das siebte Körpergewebe, in enger Beziehung zur Sexualkraft und Zeugungsfähigkeit. Einer der acht Zweige des Ayurveda befasst sich mit den Vajikarana, den Stärkungs- und Verjüngungsmitteln der Sexualkraft.

Shukra-Dhatu, Apana-Vata, Prana-Vata, Rasa-Dhatu

Ayurvedische Therapien

Ayurvedische Präparate	Männer-Rasayana Tbl., Frauen-Rasayana Tbl. Amrit Kalash, MA 110 Tbl., Ma 235 Tbl., MA 450 Ghrita, Präparate wie Shatavari (Wilder Spargel, Asparagus racemosus) und/oder Ashwagandha (Winterkirsche, Withania somnifera).
Verhalten	Für Entspannung und eine angenehme Umgebung sorgen.
Biorhythmen	Schlaf-Wachrhythmus regeln.
Ernährung	– Frisches, biologisch angebautes Obst und Gemüse – Natürliche Aphrodisiaka: Ghee, Milch, Bockshornkleesamen, Safran, Muskatnuss (geringe Mengen, weil sonst giftig) – Gewürze und Kräuter: Basilikum, Kurkuma (verbessert die Interaktion zwischen Hormonen und Sexualorganen), Kreuzkümmel, Schwarzkümmel, Ajuwan, Zimt, Kardamom – Koblauch, Ginseng-, Angelikawurzel – Allgemeine ayurvedische Essensregeln beachten

Sexualstörungen

Bewegungs-therapie	– Regelmäßiger, typgerechter Sport – Yoga-Asanas, Suryanamaskar
Hausmittel	Ashwagandha-Milch: 1 TL süßes Mandelöl, 1 TL Ashwagandha-Wurzelpulver, 1 TL Ghee, 1 TL Sharkara (ayurvedischer Zucker), 1/2 TL Langkornpfeffer gemahlen, in 1 Tasse Milch bei kleiner Flamme einige Minuten abkochen, morgens oder abends eine Tasse trinken.
Vedische Klangtherapie	Gandharva-Musik schafft eine angenehme und entspannte Atmosphäre.
Aromatherapie	Vata-Aromaöl.

Hinweis
Bei den angegebenen ayurvedischen Pflanzenmitteln handelt es sich um Naturprodukte, die in der Betrachtungsweise des Ayurveda dem Balancieren der Doshas dienen. Diese Rasajanas werden seit alters her bei bestimmten Beschwerdebildern erfolgreich eingesetzt. Eine Wirksamkeit im Sinne der allopathischen Medizin wird jedoch nicht behauptet.

Adressen

Auskunft zu Ausbildung, Ayurveda-Kliniken, Adressen von Ärzten mit ayurvedischer Zusatzausbildung:

Deutsche Gesellschaft für Ayurveda;
Wildbadstr. 201; 56841 Traben-Trarbach
Tel.: 06541-5817; Fax: 06541- 811982
E-Mail: ayur-veda@net-art.de;
Website: www.ayurveda.de

Auskunft zur Transzendentalen Meditation

Maharishi Veda GmbH; Teichwiesen 33
49152 Bad Essen
Tel.: 0180-506 950 6; Fax.: 0180-506 950 7
E-Mail: info@meditation.de; Website:
www.meditation.de

Ayurvedische Produkte

MTC; Postbus 8811, NL-6063 ZG Vlodrop,
Tel.: +31-475-529111 Fax: +31-475-404055
E-Mail: mtc@ayurveda.nl; www.ayurveda.nl

Seyfried Naturwaren; Ayurveda Versand
Am Berg 7; 49143 Bissendorf
Tel.: +49((0)5402)-8138;
Fax: 49((0)5402)-7430

Ayurvedische Originalliteratur

Hannemann-Versand; Im Branduhl 7
21354 Bleckede
Tel.: 05853-97 89 88; Fax.: 05853- 9 80 11 00

Weiterführende Literatur

Grundlagen und praktische Tipps

Ayurveda für jeden Tag, 175 Seiten, Mosaik-Verlag, Dr. med. Ernst Schrott;
ISBN 3-576-10199-3

Aufbruch zur Stille, 480 Seiten, Lübbe-Verlag,
Dr. med. Ulrich Bauhofer;
ISBN 3-7857-0873-4

Heilkunst Ayurveda, 128 Seiten, Pattloch-Verlag; Gabriele Wengler/Martin Mittwede
Ein praktischer Weg zu Schönheit,
Wohlbefinden und innerem Frieden,
ISBN 3-629-00937-9

Der Ayurveda, 242 Seiten, Haug-Verlag;
Martin Mittwede;
Von den Wurzeln zur Medizin heute;
ISBN 3-7760-1654-X

Altindische Heilungswege, 175 Seiten,
Oesch Verlag; Matthias Schramm;
ISBN 3--926955-90-2

Veda und Körper

Menschlicher Körper – Ausdruck des Veda und der Vedischen Literatur,
187 Seiten, MVUPress, NL ; Dr. Tony Nader;
ISBN 90-71750-18-03

Weiterführende Literatur

Typenlehre

Ayurveda das Geheimnis Ihres Typs, 304 Seiten, Mosaik bei Goldmann;
Dr. med. Ernst Schrott; ISBN 3-442-16460-5

Ernährung

Die köstliche Küche des Ayurveda, Taschenbuch, Heyne-Verlag;
Dr. med. Ernst Schrott; ISBN 3-453-12997-0

Kochen nach Ayurveda, 143 Seiten, Falken-Verlag; Dr. phil. Karin Pirc, Wilhelm Kempe; ISBN 380684867-X

Ayurveda. Typgerecht kochen, 95 Seiten, Gräfe & Unzer-Verlag; Anne Bühring, Petra Räther; ISBN 3774228086

Gesundheit und Körperpflege

Das Ayurveda Gesundheits- und Verwöhnbuch, 285 Seiten, Mosaik bei Goldmann; Dr. med. Ernst Schrott/Cynthia Nina Bolen mit zahlreichen Rezepten zur Schönheitspflege; ISBN 3-442-16552-0

Spezielle Heilmittel und Krankheiten

Weihrauch, 96 Seiten, Aurum-Verlag;
Dr. med. Ernst Schrott;
ISBN 3-89901-013-2

Bluthochdruck muss nicht sein, 139 Seiten, Aurum-Verlag; Dr. med. Wolfgang Schachinger/Dr. med. Ernst Schrott;
ISBN 3-89901-008-6

Gelenk- und Rückenschmerzen müssen nicht sein, 163 Seiten, Aurum-Verlag;
Dr. med. Wolfgang Schachinger/Dr. med. Ernst Schrott; ISBN 3-89901-002-7

Kopfschmerz muss nicht sein, 139 Seiten, Aurum-Verlag; Dr. med. Wolfgang Schachinger/Dr. med. Ernst Schrott;
ISBN 3-89901-001-9

Frei von Asthma, 176 Seiten, Lübbe-Verlag;
Dr.phil. Karin Pirc;
ISBN 3-7857-0972-2

Den Alterungsprozess umkehren, 127 Seiten, Kamphausen-Verlag;
Dr. Karin Pirc; ISBN 3-933496-56-X

Für Frauen, für Mutter und Kind

Ayurveda Kursbuch für Mutter und Kind, 496 Seiten, Heyne-Verlag;
Dr. phil. Karin Pirc; ISBN 3-453-13261-0

Ayurveda für Frauen, 495 Seiten, Droemer Knaur;
Nancy Lonsdorf, Veronica Butler, Melanie Brown; ISBN: 3-42672228-3

Heilpflanzen

Die Ayurveda-Pflanzenheilkunde, 318 Seiten, Windpferd-Verlag; Vasant Lad/David Frawley; ISBN 3-924624-46-1

Weiterführende Literatur

Heilpflanzen der Ayurvedischen Medizin, 575 Seiten, Haug-Verlag
Andrea Zoller, Hellmuth Nordwig; ISBN 3-7760-1579-9

Musiktherapie

Die heilenden Klänge des Ayurveda, mit CD, 144 Seiten, Haug-Verlag;
Dr. med. Ernst Schrott; ISBN 3-8304-2055-2

Maharishi-Gandharva-Veda, 206 Seiten, MVU-Press, Niederlande.
Gabriel Hartmann; Die klassische Musik der vedischen Hochkultur;
ISBN 90-71750-12-4

Vedische Erfolgsstrategien

Glück und Erfolg sind kein Zufall, 454 Seiten, Kamphausen-Verlag;
Alois M. Maier/Dr. med. Ernst Schrott, Die Erfolgs- und Managementgeheimnisse des Veda; ISBN 3-933496-62-4

Ayurveda im Business, 332 Seiten, Verlag moderne Industrie; Franz-Theo Gottwald, Wolfgang Howald; ISBN 3-478811260

Ayurveda und Sport, 208 Seiten, Falken-Verlag; Fit mit Ayurveda; Dr. med. John Douillard; ISBN 3-635-60260-4

Meditation

Die Wissenschaft vom Sein und die Kunst des Lebens, 459 Seiten, Kamphausen-Verlag;
Maharishi Mahesh Yogi; ISBN 3-933494-40-3

Gesundheit aus dem Selbst – Transzendentale Meditation, Kamphausen-Verlag;
Dr. med. Wolfgang Schachinger/ Dr. med. Ernst Schrott;
ISBN 3-933496-42-X

Selbsthilfe durch Meditation, 256 Seiten, mvg-Verlag; Franz-Theo Gottwald/Wolfgang Howald; ISBN 3-478-03640-2

Vedische Sprache

Spirituelles Wörterbuch Sanskrit – Deutsch, 277 Seiten, Sathya Sai Vereinigung e. V. Bonn, Martin Mittwede; ISBN 3-924739-56-0

Jyotish-Vedische Astrologie

Großes Handbuch der Vedischen Astrologie, 300 Seiten, Windpferd-Verlag;
Siebelt Meyer; Horoskop-Interpretationen; ISBN 3-89385-397-9

Originalliteratur

Charaka-Samhita. Sanskrittext mit englischer Transliteration, 2 Bände, Chaukhambha Orientalia, P.V. Sharma; ISBN 81-7637-011-8